Y. 5450

Cabinet

Papier d'Hollande

Disce puer virtutem ex me verumque laborem.

LA
HENRIADE.

DE

Mr. DE VOLTAIRE.

A LONDRES, MDCCXXVIII.

TO THE

QUEEN.

MADAM,

IT is the Fate of *Henry* the Fourth to to be protected by QUEENS of *England*. He was affisted by that famous *Elizabeth*, who was in her Age the Glory of her Sex, and the Pattern of Sovereigns. By whom can his Memory be so well protected, as by her in whom *Elizabeth* revives?

YOUR

YOUR MAJESTY will find in this Book, bold impartial Truths ; Morality unftained with Superftition ; a Spirit of Liberty, equally abhorrent of Rebellion, and of Tyranny ; the Rights of Kings always afferted, and thofe of Mankind never laid afide.

The fame Spirit in which it is written, gave me the Confidence to offer it to the virtuous Confort of a King, who among fo many crowned Heads, enjoys, almoft alone, the ineftimable Honour of ruling a Free Nation, a King who makes his Power confift in being beloved, and his Glory in being juft.

Our *Defcartes*, who was the greateft Philofopher in *Europe*, before Sir *Ifaac Newton* appeared, dedicated his Principles to the celebrated Princefs Palatine *Elizabeth* ; not, faid he, becaufe fhe was a Princefs, for true Philofophers refpect Princes, and never flatter them ; but becaufe, of all his Readers fhe underftood him the beft , and loved Truth the moft.

I

I beg Leave, MADAM, (without comparing my felf to *Defcartes*) to dedicate the HENRIADE to YOUR MAJESTY, in fome meafure, upon the like Account; not only as the *Protectrefs* of all Arts and Sciences, but as the beft Judge of them.

I am with that fincere Veneration, which is due to the higheft Virtue, as well as to the higheft Rank,

May it pleafe YOUR MAJESTY,

YOUR MAJESTY's

moft humble,

moft dutiful,

moft obliged Servant,

VOLTAIRE.

LA
HENRIADE.

CHANT PREMIER.

JE chante ce Héros, qui règna dans la France,
  Et par droit de conquête, & par droit de naiſſance,
Qui par de longs travaux apprit à gouverner,
Qui formidable & doux, ſut vaincre & pardonner,
Confondit & Mayenne, & la Ligue, & l'Ibere,
Et fut de ſes ſujets le vainqueur & le pere.

B

Je t'implore aujourd'huy févère vérité.
Répans fur mes écrits ta force & ta clarté.
Que l'oreille des Rois s'accoutume à t'entendre.
C'eſt à toi d'annoncer ce qu'ils doivent apprendre.
C'eſt à toy de montrer aux yeux des nations,
Les coupables effets de leurs diviſions.
Dis comment la diſcorde a troublé nos Provinces ;
Dis les malheurs du peuple, & les fautes des Princes.
Viens, parle ; & s'il eſt vray que la fable autrefois
Sut à tes fiers accents mêler ſa douce voix,
Si ſa main délicate orna ta tête altiere,
Si ſon ombre embellit les traits de ta lumiere ;
Avec moi ſur tes pas permets lui de marcher,
Pour orner tes attraits, & non pour les cacher.

VALOIS règnoit encore, & ſes mains incertaines,
  De l'Etat ébranlé laiſſoient flotter les rênes.
Ses eſprits languiſſoient par la crainte abatus.
Ou plutôt en effet Valois ne règnoit plus.
Ce n'étoit plus ce Prince environné de gloire,
Aux combats dès l'enfance inſtruit par la victoire,

Dont l'Europe en tremblant regardoit les progrès,
Et qui de fa patrie emporta les regrets,
Quand du Nord étonné de fes vertus fuprèmes,
Les peuples à fes pieds mettoient les diadèmes.
Tel brille au fecond rang, qui s'éclipfe au premier.
Il devint lâche Roi, d'intrépide guerrier.
Endormi fur le Trône au fein de la moleffe,
Le poids de fa Couronne accabloit fa foibleffe,
Quelus & S. Maigrin, Joyeufe, & d'Efpernon,
Tirans voluptueux qui règnoient fous fon nom,
D'un maître efféminé corrupteurs politiques,
Plongeoient dans les plaifirs fes langueurs létargiques.

    Des Guifes cependant le rapide bonheur,
Sur fon abaiffement élevoit leur grandeur ;
Ils formoient dans Paris cette Ligue fatale,
De fon foible pouvoir infolente rivale.
Deux Partis oppofez, du même orgueil épris,
De fon Trône à fes yeux difputoient les débris :
Ses amis corrompus bien-tôt l'abandonnerent,
Du Louvre épouvanté fes peuples le chaffèrent.

Dans Paris revolté l'étranger accourut,

Tout periſſoit enfin, lorſque (*) Bourbon parut.

Le vertueux Bourbon plein d'une ardeur guerriere,

A ſon Prince aveuglé vint montrer la lumiere.

Il lui rendit ſa force ; il conduiſit ſes pas

De la honte à la gloire, & des jeux aux combats :

Aux ramparts de Paris les deux Rois s'avancerent.

Au bruit de leurs exploits, cent peuples s'allarmerent.

L'Europe intereſſée à ces fameux revers,

Sur ces murs orgueilleux avoit les yeux ouverts.

On voïoit dans Paris la diſcorde inhumaine

Excitant aux combats & la Ligue, & Mayenne,

Portant par-tout l'horreur, & du haut de ſes tours,

De Rome & de l'Eſpagne appellant les ſecours.

Ce monſtre impétueux, ſanguinaire, inflexible,

De ſes eſclaves même eſt l'ennemi terrible.

Aux malheurs des mortels il borne ſes deſſeins.

Le ſang de ſon party rougit ſouvent ſes mains.

Il habite en tiran dans les cœurs qu'il déchire,

Et lui même il punit les forfaits qu'il inſpire.

(*) Henri IV. eſt appellé indifferemment Bourbon, ou Henri. Henri III.
eſt toujours nommé Valois.

Contre ce monſtre affreux, contre ſes attentats,
Les deux Rois réunis raſſembloient leurs ſoldats.
Cent chefs ſont auprès d'eux, fiers ſoutiens de la France.
Diviſez par leur ſecte, unis par la vangeance.
C'eſt aux mains de Bourbon que leur ſort eſt commis.
En gagnant tous les cœurs, il les a tous unis.
On eût dit que l'armée à ſon pouvoir ſoumiſe,
Ne connoiſſoit qu'un chef, & n'avoit qu'une Egliſe.

Le pere des Bourbons, du ſein des immortels,
Louis fixoit ſur lui ſes regards paternels.
Il préſageoit en lui la ſplendeur de ſa race.
Il plaignoit ſes erreurs, il aimoit ſon audace.
De ſa couronne un jour il devoit l'honorer ;
Il vouloit plus encor ; il vouloit l'éclairer.
Mais Henri s'avançoit vers ſa grandeur ſuprême,
Par des chemins cachez inconnus à lui même.
Louis du haut des cieux lui prêtoit ſon appuy :
Mais il cachoit le bras qu'il étendoit pour luy,
De peur que ce Héros, trop ſûr de ſa victoire,
Avec moins de danger n'eût acquis moins de gloire.

Dèja les deux Partis aux pieds de ces remparts
Avoient plus d'une fois balancé les hazards;
Dans nos champs défolés le démon du carnage
Dèja jufqu'aux deux mers avoit porté fa rage;
Quand Valois à Bourbon tint ce trifte difcours,
Dont fouvent fes foupirs interrompoient le cours.

Vous voïez à quel point le deftin m'humilie.
Mon injure eft la vôtre, & la Ligue ennemie,
Levant contre fon Prince un front féditieux,
Nous confond dans fa rage, & nous pourfuit tous deux.
Paris nous méconnoit, Paris ne veut pour maître,
Ni moi qui fuis fon Roi, ni vous qui devez l'être;
Ils favent que les Loix, les nœuds facrés du fang,
Que fur-tout la vertu vous appelle à mon rang.
Et redoutant dèja votre grandeur future,
Du trône où je chancelle, ils penfent vous exclure.
De la Réligion, terrible en fon couroux,
Le fatal anathême eft lancé contre vous.
Rome, qui fans foldats porte en tous lieux la guerre,
Aux mains des Efpagnols a remis fon tonnerre.
Sujets, amis, parens, tout a trahi fa foi,
Tout me fuit, m'abandonne, ou s'arme contre moi:

Et l'Efpagnol avide, enrichi de mes pertes,
Vient en foule inonder mes campagnes defertes.
   Contre tant d'ennemis ardents à m'outrager,
Dans la France à mon tour appellons l'étranger.
Des Anglois en fecret gagnez l'illuftre Reine.
Je fai qu'entr'eux & nous une immortelle haine,
Nous permet rarement de marcher réunis,
Que Londre eft de tout tems l'émule de Paris.
Mais après les affronts dont ma gloire eft flétrie,
Je n'ai plus de fujets, je n'ai plus de patrie,
Je hais, je veux punir des peuples odieux,
Et quiconque me vange, eft François à mes yeux.
Je n'occuperai point dans un tel miniftère
De mes fecrets Agens la lenteur ordinaire.
Je n'implore que vous; c'eft vous de qui la voix
Peut feule à mon malheur intereffer les Rois.
Allez dans Albion, que votre renommée
Y parle en ma deffenfe, & m'y lève une armée,
Je veux par votre bras vaincre mes ennemis;
Mais c'eft de vos vertus que j'attens des amis.
   Il dit: & le Héros, qui jaloux de fa gloire,
Craignoit de partager l'honneur de la victoire,

Sentit en l'écoutant une juste douleur.

Il regretoit ces tems fi chers à son grand cœur,

Où fort de fa vertu, fans fecours, fans intrigue,

Lui feul avec Condé faifoit trembler la Ligue.

Mais il fallut d'un Maître accomplir les deffeins.

Il fufpendit les coups qui partoient de fes mains.

Et laiffant fes lauriers cueillis fur ce rivage,

A partir de ces lieux il forca fon courage.

Les Soldats étonnez ignorent fon deffein :

Et tous de fon retour attendent leur deftin.

Il marche. Cependant, la Ville criminelle,

Le croit toujours préfent, prêt à fondre fur elle,

Et fon nom, qui du Trône eft le plus ferme appui,

Semoit encor la crainte, & combattoit pour lui.

Dèja des Neuftriens il franchit la campagne.

De tous fes favoris, Mornay feul l'accompagne,

Mornay fon confident, mais jamais fon flateur,

Soutien trop vertueux du party de l'erreur,

Qui fignalant toujours fon zèle & fa prudence,

Servit également fon Eglife & la France.

Cenfeur des courtifans, mais a la cour aimé,
Fier ennemi de Rome, & de Rome eftimé.

A travers deux rochers, où la mer mugiffante
Vient brifer en couroux fon onde blanchiffante ;
Dieppe aux yeux du Heros offre un tranquile Port.
Les matelots ardents s'empreffent fur le bord.
Les vaiffeaux fous leurs mains fiers fouverains des ondes,
Etoient prêts à voler fur les plaines profondes.
L'impêtueux Borée enchaîné dans les airs,
Au fouffle du Zephire abandonnoit les mers.
On lève l'anchre, on part, on fuit loin de la terre.
On découvroit de loin les bords de l'Angleterre ;
L'aftre brillant du jour a l'inftant s'obfcurcit.
L'air fiffle, le ciel gronde, & l'onde au loin gémit.
Les vents font dechainez fur les vagues émues.
La foudre etincelante eclatte dans les nues.
Et le feu des eclairs, & l'abime des flots,
Offroient partout la mort aux pâles matelots.
Le heros qu'affiegeoit une mer en furie,
Ne fonge en ce danger qu'aux maux de fa patrie,

C

Tourne ſes yeux vers elle, & dans ſes grands deſſeins,
Semble accuſer les vents d'arrêter ſes deſtins.
Tel, & moins genereux, aux rivages d'Epire,
Lors que de l'univers il diſputoit l'empire,
Confiant ſur les flots aux aquilons mutins,
Le deſtin de la terre, & celuy des Romains,
Défiant a la fois & Pompée, & Neptune,
Ceſar à la tempeſte oppoſoit ſa fortune.

Dans ce même moment le Dieu de l'univers,
Qui vole ſur les vents, qui ſoulève les mers,
Ce Dieu dont la ſageſſe ineffable, & profonde,
Change, élève, & détruit les empires du monde ;
De ſon trone enflammé qui luit au haut des cieux,
Sur le heros francois daigna baiſſer les yeux.
Il le guidoit luy même. Il ordonne aux orages,
De porter le vaiſſeau, vers ces prochains rivages,
Où Jarzay ſemble aux yeux ſortir du ſein des flots.
Là, conduit par le ciel, aborda le Heros.

Non loin de ce rivage, un bois ſombre & tranquille
Sous des ombrages frais preſente un doux azile.

Un rocher qui le cache à la fureur des flots,
Deffend aux aquilons d'en troubler le repos.
Une grotte eſt auprès, dont la ſimple ſtructure
Doit tous ſes ornements aux mains de la nature.
Un vieillard venerable avoit loin de la Cour
Cherché la douce paix dans cet obſcur ſéjour.
Aux humains inconnu, libre d'inquiétude,
C'eſt-là, que de lui-même il faiſoit ſon étude ;
C'eſt-là qu'il regretoit ſes inutiles jours,
Perdus dans les plaiſirs, plongés dans les amours.
Sur l'émail de ces prez au bord de ces fontaines,
Il fouloit à ſes piéds les paſſions humaines.
Tranquille il attendoit, qu'au gré de ſes ſouhaits,
La mort vint à ſon Dieu le rejoindre à jamais.
Ce Dieu qu'il adoroit, prit ſoin de ſa vielleſſe.
Il fit dans ſon deſert deſcendre la ſageſſe.
Et prodigue envers lui de ſes treſors divins,
Il ouvrit à ſes yeux le Livre des deſtins.
 Ce vieillard au heros que Dieu lui fit connoitre,
Au bord d'une onde pure offre un feſtin champêtre.
Le Prince à ces repas étoit accoutumé.
Souvent ſous l'humble toît du laboureur charmé,

Fuiant le bruit des Cours, & fe cherchant lui même,
Il avoit abaiffé l'orgueil du diadème.

Le trouble répandu dans l'Empire chrétien,
Fut pour eux le fujet d'un utile entretien.
Mornay qui dans fa fecte étoit inébranlable,
Prétoit au Calvinifme un appui redoutable ;
Henry doutoit encore, & demandoit aux cieux,.
Qu'un raion de clarté vint deffiller fes yeux.
De tout temps, difoit-il, la verité facrée,
Chez les foibles humains, fut d'erreurs entourée.
Faut-il que de Dieu feul attendant mon appui,
J'ignore les fentiers qui menent jufqu'à lui ?
Hélas ! un Dieu fi bon, qui de l'homme eft le maitre,
En eut été fervi, s'il avoit voulu l'être.

De Dieu, dit le vieillard, adorons les deffeins.
Et ne l'accufons pas des fautes des humains.
J'ai vu naitre autrefois le Calvinifme en France.
Foible, marchant dans l'ombre, humble dans fa naiffance ;
Je l'ay vu fans fuport exilé dans nos murs,
S'avancer à pas lents par cent détours obfcurs.

Enfin mes yeux ont vu du fein de la pouffiere,
Ce fantòme effraiant lever fa tète altiere ;
Se placer fur le trône, infulter aux mortels,
Et d'un piéd dédaigneux renverfer nos autels.

  Loin de la Cour alors en cette grotte obfcure
De ma religion je vins pleurer l'injure.
Là quelque efpoir au-moins confole mes vieux jours.
Un culte fi nouveau ne peut durer toûjours.
Des caprices de l'homme il a tiré fon être.
On le verra périr, ainfi qu'on l'a vu naitre.
Les œuvres des humains font fragiles comme eux.
Dieu diffipe à fon gré leurs deffeins orgueilleux.
Lui feul eft toûjours ftable. En vain nôtre malice
De fa fainte Cité veut fapper l'édifice ;
Lui-même en affermit les facrez fondements,
Ces fondements vainqueurs de l'enfer & des temps.

  C'eft à vous, grand Bourbon, qu'il fe fera connoitre.
Vous ferez éclairé, puifque vous voulez l'être.
Ce Dieu vous a choifi. Sa main dans les combats,
Au trône des Valois va conduire vos pas.
Déja fa voix terrible ordonne à la victoire,
De préparer pour vous les chemins de la gloire.

Mais fi fa verité n'éclaire vos efprits,
N'efperez point entrer dans les murs de Paris.
Sur-tout des plus grands cœurs évitez la foibleffe.
Fuiez d'un doux poifon l'amorce enchantereffe,
Craignez vos paffions, & fachez quelque jour
Refifter aux plaifirs & combattre l'amour.
Enfin quand vous aurez par un effort fuprême
Triomphé des Ligueurs & fur-tout de vous même,
Lorfqu'en un fiége horrible, & célebre à jamais,
Tout un Peuple étonné vivra de vos bien-faits ;
Ces tems de vos Etats finiront les miferes ;
Vous leverez les yeux vers le Dieu de vos peres,
Vous verrez qu'un cœur droit peut efperer en lui,
Et que qui lui reffemble eft fûr de fon apui.

Chaque mot qu'il difoit étoit un trait de flâme,
Qui pénetroit Henry jufqu'au fond de fon ame.
Il fe crut tranfporté dans ces tems bienheureux,
Où le Dieu des humains converfoit avec eux.
Où la fimple vertu prodiguant les miracles,
Commandoit à des Rois & rendoit des oracles.
Il preffa dans fes bras ce vieillard vertueux.
Des pleurs en l'embraffant coulèrent de fes yeux.

Et dès ce moment même il entrevit l'aurore,
De ce jour qui pour luy ne brilloit pas encore.
Mornay parut furpris, & ne fut point touché.
Dieu maitre de fes dons, de luy s'étoit caché.
Vainement fur la terre il eut le nom de fage.
Au milieu des vertus l'erreur fut fon partage.

 Tandis que le vieillard inftruit par le feigneur,
Entretenoit le prince, & parloit à fon cœur,
Les vents impetueux à fa voix s'appaisèrent,
Le foleil reparut, les ondes fe calmèrent.
Bientot jusqu'au rivage il conduifit Bourbon.
Le Heros part, & vole aux plaines d'Albion.

 En voiant, l'Angleterre, en fecret il admire
Le changement heureux de ce puiffant empire,
Où l'eternel abus de tant de fages loix,
Fit longtemps le malheur & du peuple, & des rois.
Sur ce fanglant theatre où cent heros perirent,
Sur ce trone gliffant dont cent rois defcendirent,
Une femme à fes pieds enchainant les revers,
De l'eclat de fon regne ètonnoit l'univers.

C'étoit Elifabeth, elle dont la prudence
De l'Europe a fon choix fit pencher la ballance,
Et fit aimer fon joug a l'anglois indompté,
Qui ne peut ni fervir, ni vivre en liberté.

Ses peuples fous fon regne ont oublié leurs pertes.
De leurs nombreux troupaux leurs plaines font couvertes,
Les guerets de leurs blèds, les mers de leurs vaiffaux.
Ils font craints fur la terre, ils font rois fur les eaux.
Leur flotte imperieufe afferviffant neptune,
Des bouts de l'univers appelle la fortune.
Londres jadis barbare eft le centre des arts,
Le magazin du monde, & l'azile de mars.
Aux murs de Wefminfter on voit paroitre enfemble
Trois pouvoirs étonnez du nœud qui les raffemble,
Les députez du peuple, & les grands, & le roy,
Divifez d'intereft, reunis par la loy,
Tous trois membres facrez de ce corps invincible,
Dangereux à luy même, à fes voifins terrible.
Heureux, lors que le peuple inftruit dans fon devoir,
Refpecte autant qu'il doit, le fouverain pouvoir,
Plus heureux, lors qu'un roy, doux, jufte, & politique,
Refpecte autant qu'il doit, la liberté publique.

Ah s'écria Bourbon, quand pourront les François
Voir d'un regne auſſi beau fleurir les juſtes loix !
Quel exemple pour vous, monarques de la terre !
Une femme a fermé les portes de la guerre,
Et renvoyant chez vous la diſcorde & l'horreur,
D'un peuple qui l'adore, elle a fait le bonheur.

Cependant il arrive à cette ville immenſe,
Où la liberté ſeule entretient l'abondance.
Du vainqueur des Anglois il aperçoit la tour.
Non loin, d'Eliſabeth eſt l'auguſte ſejour.
Suivi de Mornay ſeul il va trouver la Reine,
Sans apareil, ſans bruit, ſans cette pompe vaine,
Dont les grands, quels qu'ils ſoient, en ſecret ſont épris ;
Mais que le vray heros regarde avec mépris.
Il parle ; ſa franchiſe eſt ſa ſeule eloquence.
Il expoſe en ſecret les beſoins de la France,
Et juſqu'à la priere humiliant ſon cœur,
Dans ſes ſoumiſſions decouvre ſa grandeur.
Quoy vous ſervez Valois? dit la Reine ſurpriſe,
C'eſt lui, qui vous envoye au bord de la Tamiſe ?

D

Quoy de ſes ennemis devenu protecteur,
Henri vient me prier pour ſon perſecuteur ?
Des rives du couchant, aux portes de l'aurore,
De vos longs differents l'univers parle encore :
Et je vous vois armer en faveur de Valois,
Ce bras, ce même bras qu'il a craint tant de fois ?
    Ses malheurs, reprit il, ont étouffé nos haines.
Valois etoit eſclave, il briſe enfin ſes chaines :
Plus heureux, ſi toujours aſſuré de ma foy
Il n'eut cherché d'appuy que ſon courage & moy.
Il a trop employé l'artifice & la feinte;
Il fut mon ennemi par foibleſſe & par crainte.
J'oublie enfin ſa faute, en voiant ſon danger.
Je l'ay vaincu, Madame, & je vais le venger.
Vous pouvez, grande Reine, en cette juſte guerre,
Signaler à jamais le nom de l'Angleterre,
Couronner vos vertus, en deffendant nos droits,
Et venger avec moy la querelle des rois.

    Eliſabeth alors avec impatience,
Demande le recit des troubles de la France;

Veut favoir quels refforts, & quel enchainement,
Ont produit dans Paris un fi grand changement.

  Déja, dit-elle au Roi, la prompte Renommée
De ces revers fanglans m'a fouvent informée;
Mais fa bouche indifcrete en fa legereté,
Prodigue le menfonge avec la verité.
J'ai rejetté toùjours fes recits peu fideles.
Vous donc témoin fameux de ces longues querelles,
Vous toùjours de Valois le vainqueur ou l'appui,
Expliquez-nous le nœud qui vous joint avec lui.
Daignez déveloper ce changement extrême.
Vous feul pouvez parler dignement de vous-même.
Peignez moy vos malheurs, & vos heureux exploits.
Songez que votre vie eft la leçon des rois.

  Hélas ! reprit Bourbon, faut-il que ma memoire
Rapelle de ces temps la malheureufe hiftoire !
Plût au ciel irrité témoin de mes douleurs,
Qu'un éternel oubli nous cachât tant d'horreurs !
Pourquoi demandez-vous que ma bouche raconte
Des princes de mon fang, les fureurs & la honte ?

D 2

Mon cœur fremit encore à ce feul fouvenir :
Mais vous me l'ordonnez, je vais vous obéir.

Sur-tout en écoutant ces triftes avantures,
Pardonnez, grande Reine, à des véritez dures,
Qu'un autre auroit pu taire, ou fauroit mieux voiler ;
Mais que jamais Bourbon n'a pu diffimuler.

LA
HENRIADE.

SECOND CHANT.

REINE, l'excès des maux où la France est livrée,
Est d'autant plus affreux, que leur source est sacrée.
C'est la Religion dont le zele inhumain
Met à tous les François les armes à la main.
  Je ne décide point entre Geneve & Rome.
De quelque nom divin que leur parti les nomme,

J'ai vu des deux côtez la fourbe & la fureur ;
Et si la perfidie est fille de l'Erreur,
Si dans les differents où l'Europe se plonge,
La trahison, le meurtre est le sceau du mensonge ;
L'un & l'autre parti cruel également,
Ainsi que dans le crime, est dans l'aveuglement.
Pour moi qui de l'etat embrassant la déffense,
Laissai toûjours aux cieux le soin de leur vengeance :
On ne m'a jamais vu surpassant mon pouvoir,
D'une indiscrete main profaner l'encensoir :
Et périsse à jamais l'affreuse politique,
Qui prétend sur les cœurs un pouvoir despotique,
Qui veut le fer en main convertir les mortels,
Qui du sang héretique arrose les Autels ;
Et suivant un faux zele, ou l'intérêt pour guides,
Ne sert un Dieu de paix que par des homicides.

   Plût à ce Dieu puissant, dont je cherche la loi,
Que la cour des Valois eût pensé comme moi !
Mais l'un & l'autre Guise ont eu moins de scrupule.
Ces Chefs ambitieux d'un peuple trop crédule,
Couvrant leurs intérêts de l'intérêt des cieux,
Ont conduit dans le piege un peuple furieux,

Ont armé contre moi fa pieté cruelle ;

J'ai vu nos citoiens s'égorger avec zele,

Et la fláme à la main courir dans les combats,

Pour de vains argumens qu'ils ne comprenoient pas.

Vous connoiffez le peuple & favez ce qu'il ofe,

Quand du ciel outragé, penfant venger la caufe,

Les yeux ceints du bandeau de la religion,

Il a rompu le frein de la foumiffion.

Vous le favez, Madame, & votre prévoiance

Etouffa dès long-tems ce mal en fa naiffance.

L'orage en vos etats, à peine étoit formé,

Vos foins l'avoient prévû, vos vertus l'ont calmé,

Vous régnez, Londre eft libre, & vos loix floriffantes.

   Medicis a fuivi des routes differentes.

Peut-être que fenfible à ces triftes recits,

Vous me demanderez qu'elle étoit Medicis.

Vous l'aprendrez du moins d'une bouche ingenue.

Beaucoup en ont parlé, mais peu l'ont bien connue.

Peu de fon cœur profond ont fondé les replis.

Pour moi nourri vingt ans à la cour de fes fils,

Qui vingt ans fous fes pas vis les orages naître,

J'ai trop à mes périls appris à la connoître.

Son Epoux expirant dans la fleur de ſes jours,
A ſon ambition laiſſoit un libre cours.
Chacun de ſes enfans nourri ſous ſa tutelle,
Devint ſon ennemi dès qu'il régna ſans elle.
Ses mains autour du trône avec confuſion,
Semoient la jalouſie, & la diviſion ;
Oppoſant ſans relâche, avec trop de prudence,
Les Guiſes aux Condez, & la France à la France :
Toûjous prête à s'unir avec ſes ennemis,
Et changeant d'intérêt, de rivaux & d'amis ;
Eſclave des plaiſirs, mais moins qu'ambitieuſe :
Infidele à ſa ſecte & ſuperſtitieuſe,
Poſſedant en un mot pour n'en pas dire plus,
Tous les défauts du ſexe, avec peu de vertus.

Ce mot m'eſt échapé, je parle avec franchiſe.
Dans ce ſexe, après tout vous n'êtes point compriſe.
L'Auguſte Eliſabeth n'en a que les appas :
Le ciel qui vous forma pour régir des Etats,
Vous fait ſervir d'exemple à tous tant que nous ſommes,
Et l'Europe vous compte au rang des plus grands hommes.

Déja François ſecond, par un ſort imprévû,
Avoit rejoint ſon pere au tombeau deſcendu ;

Foible enfant, qui de Guife adoroit les caprices,
Et dont on ignoroit les vertus & les vices.

  Charles plus jeune encore avoit le nom de Roi.
Medicis régnoit feule, on trembloit fous fa loi.
D'abord fa politique affurant fa puiffance,
Préparoit à fon fils une éternelle enfance;
Sa main de la difcorde allumant le flambeau,
Marqua par cent combats fon Empire nouveau,
Elle arma le couroux de deux fectes rivales.
Dreux qui vit déploïer leurs enfeignes fatales,
Fut le theâtre affreux de leurs premiers exploits :
Le vieux Montmorenci près du tombeau des rois,
D'un plomb mortel atteint par une main guerriere,
De cent ans de travaux termina fa carriere.
Guife auprès d'Orleans fe vit affaffiné.
Mon pere malheureux, à la cour enchaîné,
Trop foible, & malgré lui fervant toûjours la Reine,
Traina dans les affronts fa fortune incertaine;
Et toûjours de fa main, préparant fes malheurs,
Combatit & mourut pour fes perfécuteurs.

  Condé, qui vit en moi le feul fils de fon frere,
M'adopta, me fervit & de maître & de pere;

E

Son camp fut mon berceau : là parmi les guerriers,
Nourri dans la fatigue à l'ombre des lauriers,
De la cour avec lui dédaignant l'indolence,
Ses combats ont été les jeux de mon enfance.
Hélas ! je pleure encore, & pleurerai toûjours,
L'indigne affaſſinat qui termina ſes jours.

Le Ciel qui de mes ans protégeoit la foibleſſe,
Toûjours à des Héros confia ma jeuneſſe.
Coligny de Condé le digne ſucceſſeur,
De moi, de mon parti devint le défenſeur ;
Je lui dois tout, Madame, il faut que je l'avoüe,
Et d'un peu de vertu ſi l'Europe me loüe,
Si Rome a ſouvent même eſtimé mes exploits,
C'eſt à vous, Ombre illuſtre, à vous que je le dois ;
Je croiſſois ſous ſes yeux, & mon jeune courage
Fit long-tems de la guerre un dur aprentiſſage,
Il m'inſtruſoit d'exemple au grand art des héros,
Je voïois ce Guerrier blanchi dans les travaux,
Soutenant tout le poids de la cauſe commune,
Et contre Medicis, & contre la fortune ;

Chéri dans son parti, dans l'autre respecté,
Malheureux quelquefois, mais toûjours redouté,
Savant dans les combats, savant dans les retraites,
Plus grand, plus glorieux, plus craint dans ses défaites,
Que Dunois ni Gaston, ne l'ont jamais été,
Dans le cours triomphant de leur prosperité.

Après dix ans entiers de succès & de pertes,
Medicis qui voïoit ses Campagnes couvertes,
D'un parti renaissant qu'elle avoit crû détruit,
Lasse enfin de combattre & de vaincre sans fruit,
Voulut sans plus tenter des efforts inutiles,
Terminer d'un seul coup les discordes civiles :
La Cour de ses faveurs nous offrit les attraits ;
Et n'aïant pu nous vaincre, on nous donna la paix.
Quelle paix juste Dieu ! Dieu vengeur que j'atteste,
Que de sang arrosa son olive funeste !
Ciel, faut-il voir ainsi les maîtres des humains,
Du crime à leurs Sujets aplanir les chemins !

Coligny dans son cœur à son Prince fidele,
Aimoit toûjours la France en combattant contr'elle ;

Il chérit, il prévint l'heureuse occasion,
Qui sembloit de l'Etat assurer l'union.
Rarement un héros connoit la défiance,
Parmi ses ennemis il vint plein d'assurance ;
Jusqu'au milieu du Louvre il conduisit mes pas,
Médicis en pleurant me reçut dans ses bras,
Me prodigua long-tems des tendresses de mere,
Assura Coligny d'une amitié sincere ;
Vouloit par ses avis se régler desormais,
L'ornoit de dignitez, le combloit de bienfaits,
Montroit à tous les miens séduits par l'esperance,
Des faveurs de son fils la flateuse aparence.

Hélas ! nous esperions en joüir plus long-tems.
Quelques-uns soupçonnoint ces perfides presens ;
Les dons d'un ennemi leur sembloient trop à craindre,
Plus ils se défioient, plus le Roi savoit feindre.
Dans l'ombre du secret depuis peu Medicis
A la fourbe, au parjure avoit formé son fils.
Façonnoit aux forfaits, ce cœur jeune & facile ;
Et le malheureux Prince à ses leçons docile,
Par son penchant feroce à les suivre excité
Dans sa coupable école avoit trop profité.

Enfin pour mieux cacher cet horrible miſtere,
Il me donna ſa ſœur, il m'apella ſon frere.
O nom qui m'as trompé, vains ſermens, nœud fatal !
Hymen qui de nos maux fut le premier ſignal !
Tes flambeaux que du Ciel alluma la colere,
Eclairoient à mes yeux le trépas de ma mere.
Je ne ſuis point injuſte & je ne pretends pas,
A Medicis encore imputer ſon trepas.
J'écarte des ſoupçons peut-être légitimes ;
Et je n'ai pas beſoin de lui chercher des crimes.
Ma mere enfin mourut. Pardonnez à des pleurs,
Qu'un ſouvenir ſi tendre arrache à mes douleurs.

Cependant tout s'aprête & l'heure eſt arrivée,
Qu'au fatal denoûment, la Reine a reſervée.
Le ſignal eſt donné ſans tumulte & ſans bruit,
C'étoit à la faveur des ombres de la nuit.
De ce mois malheureux l'inegale courriere,
Sembloit cacher d'effroi ſa tremblante lumiere ;
Coligny languiſſoit dans les bras du repos,
Et le ſommeil trompeur lui verſoit ſes pavots.

Soudain de mille cris le bruit épouvantable,
Vient arracher fes fens à ce calme agréable :
Il fe leve, il regarde, il voit de tous cotez
Courir des affaffins à pas précipitez.
Il voit briller par tout les flambeaux & les armes,
Son palais embrafé, tout un Peuple en allarmes,
Ses ferviteurs fanglans dans la flâme étouffez,
Les meurtriers en foule au carnage échauffez.
Criant à haute voix, qu'on n'épargne perfonne,
C'eft Dieu, c'eft Medicis, c'eft le Roi qui l'ordonne,
Il entend retentir le nom de Coligny.
Il aperçoit de loin le jeune Teligny,
Teligny dont l'amour a mérité fa fille,
L'efpoir de fon parti, l'honneur de fa famille,
Qui fanglant, déchiré, trainé par des Soldats,
Lui demandoit vengeance & lui tendoit les bras.

  Le Héros malheureux, fans armes, fans défenfe,
Voiant qu'il faut périr & périr fans vengeance,
Voulut mourir du moins comme il avoit vécu,
Avec toute fa gloire, & toute fa vertu.

  Deja des affaffins la nombreufe cohorte,
Du falon qui l'enferme alloit brifer la porte ;

Il leur ouvre lui-même & fe montre à leurs yeux,
Avec cet œil ferein, ce front majeftueux ;
Tel que dans les combats, maître de fon courage,
Tranquille il arrêtoit, ou preffoit le carnage.

   A cet air venerable, à cet augufte afpect,
Les meurtriers furpris font faifis de refpect,
Une force inconnue a fufpendu leur rage.
Compagnons leur dit-il, achevez votre ouvrage ;
Et de mon fang glacé fouillez ces cheveux blancs,
Que le fort des combats refpecta quarante ans ;
Frappez, ne craignez rien, Coligny vous pardonne,
Ma vie eft peu de chofe & je vous l'abandonne......
J'euffe aimé mieux la perdre en combatant pour vous.....
Ces tigres à ces mots tombent à fes genoux....
L'un faifi d'épouvante abandonne fes armes ;
L'autre embraffe fes pieds qu'il trempe de fes larmes ;
Et de fes affaffins, ce grand homme entouré,
Sembloit un Roy puiffant par fon peuple adoré.

   Befme qui dans la Cour attendoit fa victime,
Monte tout indigné qu'on differe fon crime.
Des affaffins trop lents, il veut hâter les coups.
Aux pieds de ce Héros, il les voit trembler tous.

A cet objet touchant lui seul est inflexible;
Lui seul à la pitié toûjours inaccessible,
Auroit cru faire un crime & trahir Medicis,
Si du moindre remords il se sentoit surpris.
A travers les soldats, il court d'un pas rapide;
Coligny l'attendoit d'un visage intrépide.
Et bientôt dans le flanc ce monstre furieux,
Lui plonge son épée, en détournant les yeux;
De peur que d'un coup d'œil cet auguste visage,
Ne fit trembler son bras & glaçât son courage.

Du plus grand des François, tel fut le triste sort.
On l'insulte, on l'outrage encore après sa mort.
Son corps percé de coups, privé de sépulture,
Des oiseaux dévorans fut l'indigne pâture;
Et l'on porta sa tête aux pieds de Medicis,
Conquête digne d'elle & digne de son fils.
Medicis la reçut avec indifférence,
Sans paroître jouir du fruit de sa vengeance,
Sans remords, sans plaisir, maîtresse de ses sens,
Et comme accoutumée à de pareils presens.

Qui pourroit cependant exprimer les ravages,
Dont cette nuit cruelle étala les images!

La mort de Coligny, premices des horreurs,
N'étoit qu'un foible effai de toutes leurs fureurs ;
D'un peuple d'affaffins les troupes effrenées,
Par devoir & par zele, au carnage acharnées,
Marchoient, le fer en main, les yeux étincelans,
Sur les corps étendus de nos freres fanglans ;
Guife étoit à leur tête & boüillant de colere,
Vengeoit fur tous les miens les manes de fon pere.
Nevers, Gondi, Tavanne, un poignard à la main,
Echaufoient les tranfports de leur zele inhumain ;
Et portant devant eux la lifte de leurs crimes,
Les conduifoient au meurtre, & marquoient les victimes.
   Je ne vous peindrai point le tumulte & les cris,
Le fang de tous côtez ruiffelant dans Paris,
Le fils affaffiné fur le corps de fon pere,
Le frere avec la fœur, la fille avec la mere,
Les époux expirans, fous leurs toits embrafez,
Les enfans au berceau fur la pierre écrafez ;
Des fureurs des humains c'eft ce qu'on doit attendre.
Mais ce que l'avenir aura peine à comprendre,
Ce que vous même encore à peine vous croirez,
Ces monftres furieux de carnage alterez,

F

Excitez par la voix des Prêtres sanguinaires,
Invoquoient le Seigneur en égorgeant leurs freres ;
Et le bras tout souillé du sang des innocens,
Osoient offrir à Dieu cet execrable encens.

    O combien de héros indignement périrent !
Renel & Pardaillan chez les morts descendirent,
Et vous brave Guerchy, vous sage Lavardin,
Digne de plus de vie, & d'un autre destin.
Parmi les malheureux que cette unit cruelle,
Plongea dans les horreurs d'une unit éternelle ;
Marsillac, & Soubise au trépas condamnez,
Défendent quelque-tems leurs jours infortunez :
Sanglans, percez de coups & respirant à peine,
Jusqu'aux portes du Louvre, on les pousse, on les traine ;
Ils teignent de leur sang ce palais odieux,
En implorant leur Roi, qui les trahit tous deux.

    Du haut de ce palais excitant la tempéte,
Medicis à loisir contemploit cette fête ;
Ses cruels favoris d'un regard curieux,
Voioient les flots de sang regorger sous leurs yeux ;

Et de Paris en feu les ruines fatales

Etoint de ces Héros les pompes triomphales.

Que dis-je, O crime! O honte! O comble de nos maux !

Le Roi, le Roi lui-même au milieu des bourreaux,

Pourſuivant des proſcrits les troupes égarées,

Du ſang de ſes Sujets ſoüilloit ſes mains ſacrées,

Et ce même Valois que je ſers aujourd'hui,

Ce Roi, qui par ma bouche implore votre apui,

Partageant les forfaits de ſon barbare frere,

A ce honteux carnage excitoit ſa colere.

Non, qu'après tout Valois ait un cœur inhumain,

Rarement dans le ſang il a trempé ſa main ;

Mais l'exemple du crime aſſiégeoit ſa jeuneſſe,

Et ſa cruauté même étoit une foibleſſe.

Quelques-uns, il eſt vrai, dans la foule des morts,

Du fer des aſſaſſins tromperent les efforts.

De Caumont jeune enfant l'étonnante avanture,

Ira de bouche en bouche à la race future.

Son vieux pere accablé ſous le fardeau des ans,

Se livroit au ſommeil entre ſes deux enfans,

Un lit ſeul enfermoit & les fils & le pere ;

Les meurtriers ardens qu'aveugloit la colere,

Sur eux à coups preffez enfoncent le poignard :
Sur ce lit malheureux la mort vole au hazard.
L'Eternel en fes mains tient feul nos deftinées,
Il fait quand il lui plait veiller fur nos années.
Tandis qu'en fes fureurs l'homicide eft trompé,
D'aucun coup, d'aucun trait Caumont ne fut frapé.
Un invifible bras armé pour fa défenfe,
Aux mains des meurtriers déroboit fon enfance ;
Son pere à fon côté fous mille coups mourant,
Le couvroit tout entier de fon corps expirant ;
Et du peuple & du Roi, trompant la barbarie,
Une feconde fois il lui donna la vie.

Cependant, que faifois-je en ces affreux momens !
Hélas ! trop affuré fur la foi des fermens,
Tranquille au fond du Louvre & loin du bruit des armes,
Mes fens d'un doux repos goutoint encore les charmes,
O nuit ! Nuit effriable ! O funefte fommeil !
L'appareil de la mort parut à mon réveil,
On avoit maffacré mes plus chers domeftiques,
Le fang de tous côtez inondoit mes portiques ;

Et je n'ouvris les yeux que pour envifager,
Les miens que fur le marbre on venoit d'égorger.
Les affaffins fanglans vers mon lit s'avancerent,
Leurs parricides mains devant moi fe leverent,
Je touchois au moment, qui terminoit mon fort,
Je prefentai ma tête & j'attendis la mort.

 Mais foit qu'un vieux refpect pour le fang de leurs Maitres,
Parlât encore pour moi dans le cœur de ces traîtres ;
Soit que de Medicis l'ingénieux courroux,
Trouvât pour moi la mort un fuplice trop doux ;
Soit qu'enfin s'affurant d'un port durant l'orage,
Sa prudente fureur me gardât pour ôtage ;
On réferva ma vie à de nouveaux revers,
Et bientôt de fa part on m'aporta des fers.

 Coligny plus heureux & plus digne d'envie,
Du moins en fuccombant ne perdit que la vie ;
Sa liberté, fa gloire au tombeau le fuivit.
Vous fremiffez, Madame, à cet affreux recit ;
Tant d'horreur vous furprend, mais de leur barbarie,
Je ne vous ai compté que la moindre partie.

 On eût dit que du haut de fon Louvre fatal,
Medicis à la France eut donné le fignal ;

Tout imita Paris, la mort fans réfiftance,
Couvrit en un moment la face de la France.
Quand un Roi veut le crime, il eft trop obéi.
Par cent mille affaffins fon courroux fut fervi,
Et des fleuves François les eaux enfanglantées,
Ne portoient que des morts aux mers épouvantées.

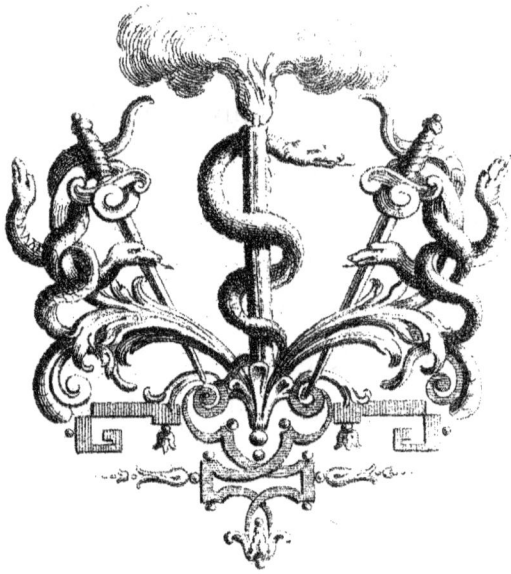

de Troy filius pinx.

Carol. Dupuis sc.

QUEEN ELIZABETH When 60 years of age

L A

HENRIADE.

Troisieme Chant.

QUAND l'Arrèt des deftins eut, durant quelques jours,
    A tant de cruautez permis un libre cours,
Et que des affaffins fatiguez de leurs crimes,
Les glaives émouffez manquerent de victimes ;
Le peuple dont la Reine avoit armé le bras,
Ouvrit enfin les yeux & vit fes attentats.

Aifément fa pitié fuccede à fa furie.

Il entendit gémir la voix de fa patrie.

Bientôt Charles lui-même en fut faifi d'horreur,

Le remords devorant s'éleva dans fon cœur.

Des premiers ans du Roi la funefte culture,

N'avoit que trop en lui corrompu la nature ;

Mais elle n'avoit point étouffé cette voix,

Qui jufques fur le Trône épouvante les Rois.

Par fa mere élevé, nourri dans fes maximes,

Il n'étoit point comme elle endurci dans les crimes.

Le chagrin vint flétrir la fleur de fes beaux jours,

Une langueur mortelle en abrégea le cours.

Dieu déploïant fur lui fa vengeance fevere,

Marqua ce Roi mourant du fceau de fa colere,

Et par fon châtiment voulut épouvanter,

Quiconque à l'avenir oferoit l'imiter.

 Je le vis expirant.   Cette image effraïante,

A mes fens étonnez fera toûjours préfente.

Son fang à gros boüillons de fon corps élancé,

Vengeoit le fang François par fes ordres verfé,

Il fe fentoit frappé d'une main invifible ;

Et le peuple étonné de cette fin terrible,

Plaignit un Roi fi jeune & fitòt moiffonné ;
Un Roi par les méchans dans le crime entraîné,
Et dont le repentir promettoit à la France,
D'un Empire plus doux quelque foible efpérance.

Soudain du fond du Nord au bruit de fon trépas,
L'impatient Valois accourant à grands pas,
Vint faifir dans ces lieux tout fumans de carnage,
D'un frere infortuné le fanglant héritage.
La Pologne en ce tems avoit, d'un commun choix,
Sur fon Trône étranger placé l'heureux Valois :
Son nom plus redouté, que les plus puiffans Princes,
Avoit gagné pour lui les voix de cent Provinces.
C'eft un poids bien péfant qu'un nom trop tôt fameux.
Valois ne foutint pas ce fardeau dangereux.
Reine, je parle ici fans détour & fans feinte,
Vous m'avez commandé de bannir la contrainte ;
Et mon cœur, qui jamais n'a fçu fe déguifer,
Prêt à fervir Valois ne fauroit l'excufer.
Sa gloire avoit paffé comme une ombre legere.
Ce changement eft grand, mais il eft ordinaire.

G

On a vu plus d'un roi, par un trifte retour,
Vainqueur dans les combats, efclave dans fa cour.
Reine, c'eft dans l'efprit qu'on voit le vrai courage.
Valois reçut des cieux des vertus en partage.
Il eft vaillant, mais foible, & moins roi que foldat ;
Il n'a de fermeté qu'en un jour de combat.
Ses honteux favoris flatant fon indolence,
De fon cœur à leur gré gouvernoient l'inconftance ;
Au fond de fon palais, avec lui renfermez,
Sourds aux cris douloureux des peuples opprimez,
Ils dictoient par fa voix leurs volontez funeftes,
Des trefors de la France ils diffipoient les reftes ;
Et le peuple accablé, pouffant de vains foupirs,
Gémiffoit de leur luxe & païoit leurs plaifirs.

Tandis que fous le joug de fes maîtres avides,
Valois preffoit l'Etat du fardeau des fubfides,
On vit paroitre Guife ; & le peuple inconftant
Tourna bientôt fes yeux vers cet aftre éclatant :
Sa valeur, fes exploits, la gloire de fon pere,
Sa grace, fa beauté, cet heureux don de plaire,

Qui mieux que la vertu sçait régner sur les cœurs,
Attiroient tous les vœux par leurs charmes vainqueurs.

Nul ne sçut mieux que lui le grand art de séduire,
Nul sur ses passions n'eut jamais plus d'empire,
Et ne sçut mieux cacher, sous des dehors trompeurs,
Des plus vastes desseins les sombres profondeurs.
Altier, imperieux, mais simple & populaire,
Des peuples en public il plaignoit la misere,
Détestoit des impots le fardeau rigoureux ;
Le pauvre alloit le voir, & revenoit heureux ;
Souvent il prévenoit la timide indigence,
Ses bienfaits dans Paris annonçoient sa presence :
Il savoit captiver les Grands qu'il haïssoit ;
Terrible & sans retour alors qu'il offensoit ;
Téméraire en ses vœux, souple en ses artifices,
Brillant par ses vertus, & même par ses vices,
Connoissant les périls, & ne redoutant rien ;
Heureux Guerrier, grand Prince, & mauvais Citoïen.

Quand il eut quelque-tems essaïé sa puissance,
Et du peuple aveuglé cru fixer l'inconstance,
Il ne se cacha plus, & vint ouvertement,
Du trône de son Roi briser le fondement.

Il forma dans Paris cette ligue funefte,
Qui bientôt de la France infecta tout le refte ;
Monftre affreux, qu'ont nourri les peuples & les Grands,
Engraiffé de carnage & fertile en tirans.

La France dans fon fein vit alors deux Monarques.
L'un n'en poffedoit plus que les frivoles marques ;
L'autre portant par tout l'efpérance & l'effroi,
A peine avoit befoin du vain titre de roi.

Valois fe réveilla du fein de fon yvreffe.
Ce bruit, cet apareil, ce danger qui le preffe,
Ouvrirent un moment fes yeux appefantis :
Mais du jour importun fes regards éblouïs,
Ne diftinguerent point, au fort de la tempête,
Les foudres menaçans qui grondoient fur fa tête ;
Et bientôt fatigué d'un moment de réveil,
Las, & fe rejettant dans les bras du fommeil,
Entre fes favoris, & parmi les délices,
Tranquille il s'endormit au bord des précipices.

Je lui reftois encore, & tout prêt de périr,
Il n'avoit plus que moi qui pût le fecourir ;

Héritier après lui du trône de la France,
Mon bras fans balancer voloit à fa défenfe:
J'offrois à fa foibleffe un néceffaire appui ;
Je voulois le fauver, ou me perdre avec lui.
   Mais Guife trop habile & trop favant à nuire,
L'un par l'autre en fecret fongeoit à nous détruire:
Que dis-je, il obligea Valois à fe priver
De l'unique foutien qui le pouvoit fauver.
De la Religion le pretexte ordinaire,
Fut un voile honorable à cet affreux miftere.
Par fa feinte vertu tout le peuple échauffé,
Ranima fon courroux encor mal étouffé.
Il leur reprefentoit le culte de leurs peres ;
Les derniers attentats des fectes étrangeres ;
Me peignoit ennemi de l'Eglife & de Dieu ;
Il porte, difoit-il, fes erreurs en tout lieu ;
Il fuit d'Elifabeth les dangereux exemples ;
Sur vos temples détruits il va fonder fes temples ;
Vous verrez dans Paris fes prêches criminels.
Tout le peuple à ces mots trembla pour fes autels.
Jufqu'au Palais du Roi l'allarme en eft portée.
La Ligue, qui feignoit d'en être épouvantée,

Vient de la part de Rome annoncer à son Roi,
Que Rome lui défend de s'unir avec moi.
Helas ! le Roi trop foible obéit fans murmure,
Et lorfque je volois pour vanger fon injure ;
J'aprens que mon beau-frere, à la Ligue foumis,
S'uniffoit, pour me perdre, avec fes ennemis,
De Soldats malgré lui couvroit déja la terre,
Et par timidité me déclaroit la guerre.

Je plaignis fa foibleffe, & fans rien ménager,
Je courus le combatre au lieu de le vanger ;
De la Ligue, en cent lieux, les villes allarmées,
Contre moi dans la France enfantoient des armées ;
Joyeufe, avec ardeur, venoit fondre fur moy,
Miniftre impétueux des foibleffes du Roy.
Guife dont la prudence égaloit le courage,
Difperfoit mes amis, leur fermoit le paffage.
D'armes & d'ennemis preffé de toutes parts,
Je les défiai tous, & tentai les hafards.
L'Arbitre des combats, à mes armes propice,
De ma caufe, en ce jour, protégea la juftice.

Je combattis Joyeuse, il fut vaincu, mon bras
Lui fit mordre la poudre aux plaines de Coutras ;
Et ma brave noblesse, à vaincre accoutumée,
Dissipa devant moi cette innombrable armée.

De tous les favoris qu'idolatroit Valois,
Qui flatoient sa molesse, & lui donnoient des loix,
Joyeuse né d'un sang chez les François insigne,
D'une faveur si haute étoit le moins indigne :
Il avoit des vertus, & si de ses beaux jours,
La Parque en ce combat n'eût abregé le cours ;
Sans doute, aux grands emplois son ame accoutumée,
Auroit de Guise un jour atteint la renommée.
Mais nourri jusqu'alors au milieu de la Cour,
Dans le sein des plaisirs, dans les bras de l'Amour,
Il n'eût à m'opposer qu'un aveugle courage,
Dans un chef orgueilleux, dangereux avantage :
Mille jeunes guerriers attachez à son sort,
Du sein des voluptez s'avançoient à la mort.
Cent chifres amoureux, gages de leurs tendresses,
Traçoient sur leurs habits les noms de leurs maitresses ;

Leurs armes éclatoient du feu des diamans,
De leurs bras énervez frivoles ornemens ;
Ardens, tumultueux, privez d'expérience,
Ils portoient aux combats leur superbe imprudence :
Orguëilleux de leur pompe, & fiers d'un camp nombreux,
Sans ordre, ils s'avançoient d'un pas impétueux.

D'un éclat différent mon camp frappoit leur vûe.
Mon armée en silence à leurs yeux étendue,
N'offroit de tous côtez que farouches soldats,
Endurcis aux travaux, vieillis dans les combats,
Accoutumez au sang & couverts de blessures,
Leur fer & leurs mousquets composoient leurs parures.
Comme eux, vêtu sans pompe, armé de fer, comme eux,
Je conduisois aux coups leurs escadrons poudreux ;
Comme eux, de mille morts affrontant la tempête,
Je n'étois distingué qu'en marchant à leur tête.
Je vis nos ennemis vaincus & renversez,
Sous nos coups expirans, devant nous disperfez :
A regret dans leur sein j'enfonçois cette épée,
Qui du sang Espagnol eut été mieux trempée.

Il le faut avoüer, parmi ces Courtisans,
Que moissonna le fer, en la fleur de leurs ans,

Aucun ne fut percé, que de coups honorables:
Tous fermes dans leur pofte & tous inébranlables,
Ils voïoient devant eux avancer le trépas,
Sans détourner les yeux fans reculer d'un pas.
Des Courtifans François, tel eft le caractere,
La paix n'amollit point leur valeur ordinaire;
De l'ombre du repos, ils volent aux hazards,
Vils flateurs à la cour, héros aux champs de Mars.

   Mais pourquoi rapeller cette trifte victoire?
Que ne puis-je plûtôt ravir à la mémoire,
Des fuccès trop heureux déplorez tant de fois!
Mon bras n'eft encor teint que du fang des François;
Ma grandeur, à ce prix, n'a point pour moi de charmes;
Et mes Lauriers fanglans font baignez de mes larmes.

Ce malheureux combat ne fit qu'approfondir,
L'abime dont Valois vouloit en vain fortir.
Il fut plus méprifé quand on vit fa difgrace,
Paris fut moins foumis, la Ligue eut plus d'audace;
Il eut même à fouffrir pour comble de douleur,
Et la gloire de Guife & fon propre malheur.

H

Guife dans Vimori, d'une main plus heureufe,
Vengea fur les Germains la perte de Joyeufe,
Accabla dans Auneau mes alliez furpris,
Et couvert de lauriers fe montra dans Paris,
Ce vainqueur y parut comme un Dieu tutelaire.
Valois vit triompher fon fuperbe adverfaire,
Qui toûjours infultant à ce Prince abbatu,
Sembloit l'avoir fervi moins que l'avoir vaincu.

La honte irrite enfin le plus foible courage.
L'infenfible Valois reffentit cet outrage ;
Il voulut d'un fujet reprimant la fierté,
Effaïer dans Paris fa foible autorité.
Il n'en étoit plus tems, la tendreffe & la crainte
Pour lui dans tous les cœurs étoit alors éteinte :
Son peuple audacieux prompt à fe mutiner,
Le prit pour un Tiran dès qu'il voulut régner.
On s'affemble, on confpire, on répand les allarmes,
Tout Bourgeois eft Soldat, tout Paris eft en armes ;
Mille ramparts naiffants qu'un inftant a formez,
Menacent de Valois, les Gardes enfermez.

D

Guife tranquille & fier au milieu de l'orage,
Précipitoit du peuple, ou retenoit la rage,
De la fédition gouvernoit les refforts,
Et faifoit à fon gré mouvoir ce vafte corps.
Tout le peuple au Palais couroit avec furie,
Si Guife eut dit un mot, Valois étoit fans vie :
Mais lorfque d'un coup d'œil il pouvoit l'accabler,
Il parut fatisfait de l'avoir fait trembler,
Et des mutins lui même arrêtant la pourfuite,
Lui laiffa par pitié le pouvoir de la fuite;
Enfin Guife attenta, quel que fut fon projet,
Trop peu pour un Tiran, mais trop pour un fujet.
Quiconque a pu forcer fon monarque à le craindre,
A tout à redouter, s'il ne veut tout enfraindre.
Guife en fes grands deffeins, dès ce jour affermi,
Vit qu'il n'étoit plus tems d'offenfer à demi,
Et qu'élevé fi haut, mais fur un précipice,
S'il ne montoit au Trône, il marchoit au fupplice :
Enfin maître abfolu d'un peuple revolté,
Le cœur plein d'efperance & de témérité,
Apuié des Romains, fecouru des Iberes,
Adoré des François, fecondé de fes freres.

H 2

Ce sujet orgüeilleux crut ramener ces temps,
Où de nos premiers Rois les lâches descendans,
Déchus presque en naissant de leur pouvoir suprême,
Sous un froc odieux cachoient leur Diadême;
Et dans l'ombre d'un Cloître en secret gémissans,
Abandonnoient l'Empire aux mains de leurs Tirans.

Valois, qui cependant différoit sa vengeance,
Tenoit alors dans Blois les Etats de la France:
Peut-être on vous a dit quels furent ces Etats,
On proposa des loix qu'on n'executa pas;
De mille Députez l'éloquence sterile,
Y fit de nos abus un détail inutile;
Car de tant de conseils l'effet le plus commun,
Est de voir tous nos maux sans en soulager un.
Au milieu des Etats Guise avec arrogance,
De son Prince offensé vint braver la présence,
S'assit auprès du Trône & sûr de ses projets,
Crut dans ses Députez voir autant de Sujets.
Déja leur troupe indigne à son Tiran vendüe,
Alloit mettre en ses mains la puissance absolüe;

Lorſque las de le craindre & las de l'épargner,
Valois voulut enfin ſe venger & régner.
Son Rival chaque jour ſoigneux de lui déplaire,
Dédaigneux ennemi, méprifoit ſa colere;
Ne ſoupçonnant pas même, en ce Prince irrité,
Pour un aſſaſſinat aſſez de fermeté.
Son deſtin l'aveugloit, ſon heure étoit venue,
Le Roi le fit lui-même immoler à ſa vue ;
De cent coups de poignard indignement percé,
Son orgueil en mourant ne fut point abaiſſé ;
Et ce front, que Valois craignoit encor peut-être,
Tout pâle & tout ſanglant ſembloit braver ſon maître.
C'eſt ainſi que mourut ce Sujet tout puiſſant,
De vices, de vertus, aſſemblage éclatant ;
Valois, dont il ravit l'autorité ſuprème,
Le ſouffrit lâchement & s'en vengea de même.

Bientôt ce bruit affreux ſe répand dans Paris,
Le peuple épouvanté remplit l'air de ſes cris,
Les vieillards déſolez, les femmes éperdues,
Vont du malheureux Guiſe embraſſer les ſtatues.

Tout Paris croit avoir en ce preſſant danger,
L'Egliſe à ſoutenir, & ſon pere à venger ;
De Guiſe au milieu d'eux le redoutable frere,
Maïenne à la vengeance anime leur colere,
Et plus par intérêt, que par reſſentiment,
Il allume en cent lieux ce grand embraſement.

Maïenne dès long-tems nourri dans les allarmes,
Sous le ſuperbe Guiſe avoit porté les armes ;
Il ſuccede à ſa gloire ainſi qu'à ſes deſſeins,
Le ſceptre de la Ligue a paſſé dans ſes mains.
Cette Grandeur ſans borne, à ſes deſirs ſi chere,
Le conſole aiſément de la perte d'un frere ;
Il ſervoit à regret, & Maïenne aujourd'hui
Aime mieux le venger que de marcher ſous lui.
Maïenne a, je l'avoue, un courage héroïque,
Il ſait, par une heureuſe & ſage Politique,
Reünir ſous ſes loix mille eſprits différens,
Ennemis de leur Maître, eſclaves des Tirans.
Il connoit leurs talents, il ſait en faire uſage ;
Souvent du malheur même il tire un avantage.

Guife avec plus d'eclat éblouiffoit les yeux,
Fut plus grand, plus heros, mais non plus dangereux.
Voilà quel eft Mayenne, & quelle eft fa puiffance.
Je ne vous céle point que je crains fa prudence.
Mais pour le jeune Aumale, au cœur préfomptueux,
Quoy qu'on vante à Paris fes exploits belliqueux,
Quoy qu'il foit du parti le bouclier terrible,
Qu'il ait, jufqu'a préfent, le titre d'invincible,
Qu'il foit un autre Guife, un Dieu dans les combats;
Il n'a que du courage, & je ne le crains pas.

Cependant des Flamans l'oppreffeur politique,
Ce tiran, décoré du nom de *Catholique*
Ce Roy, dont l'artifice eft le plus grand foutien,
Ce Roy votre ennemy, mais plus encor le mien,
Philippe, de Mayenne embraffant la querelle,
Soutient de nos rivaux la caufe criminelle;
Et Rome, qui devoit étouffer tant de maux,
Rome de la difcorde allume les flambeaux;
Celui qui des Chrétiens fe dit encor le pere,
Met aux mains de fes fils un glaive fanguinaire.

Des deux bouts de l'Europe, à mes regards furpris,
Tous les malheurs enfemble accourent dans Paris.
Enfin Roi fans Sujets, pourfuivi, fans défenfe,
Valois s'eft vu forcé d'implorer ma puiffance.
Il m'a cru généreux & ne s'eft point trompé.
Des malheurs de l'Etat mon cœur s'eft occupé;
Un danger fi preffant a fléchi ma colere;
Je n'ai plus dans Valois regardé qu'un beau-frere;
Mon devoir l'ordonnoit, j'en ai fubi la loi,
Et Roi, j'ai défendu l'autorité d'un Roi.
Je fuis venu vers lui fans traité, fans otage,
Votre fort, ai-je dit, eft dans votre courage;
Venez mourir ou vaincre aux ramparts de Paris.
Alors un noble orgueil a rempli fes efprits:
Je ne me flate point d'avoir pû dans fon ame,
Verfer par mon exemple une fi belle flâme;
Sa difgrace a fans doute éveillé fa vertu,
Il gémit du repos qui l'avoit abatu;
Valois avoit befoin d'un deftin fi contraire,
Et fouvent l'infortune aux Rois eft néceffaire.

Tels étoient de Henry les finceres difcours.
Des Anglois cependant il preffe le fecours;

Déja du haut des murs de la Ville rebelle,
La voix de la Victoire en fon Camp le rappelle.
Mille jeunes Anglois vont bientôt fur fes pas,
Fendre le fein des mers, & chercher les combats.

Effex eft à leur tête, Effex dont la vaillance,
A des fiers Caftillans confondu la prudence,
Et qui ne croïoit pas, qu'un indigne deftin,
Dût flétrir les lauriers, qu'avoit cueillis fa main.

Henri ne l'attend point, Henri que rien n'arrête,
Impatient de vaincre à fon départ s'apprête.
Allez, luy dit la Reine, allez digne Heros,
Mes Guerriers fur vos pas traverferont les flots,
Ce n'eft point votre Roi, c'eft vous, qu'ils veulent fuivre,
A vos foins génereux mon amitié les livre.
Au milieu des combats vous les verrez courir,
Plus pour vous imiter, que pour vous fecourir;
Formez par votre exemple au grand art de la guerre,
Ils aprendront fous vous à fervir l'Angleterre.
Puiffe bientôt la Ligue expirer fous vos coups.
L'Efpagne fert Maïenne, & Rome eft contre vous,
Allez vaincre l'Efpagne, & fongez qu'un grand homme,
Ne doit point redouter les vains foudres de Rome.

I

Allez des Nations venger la liberté;
De Sixte & de Philippe abaissez la fierté.

Philippe de son pere héritier tirannique,
Moins grand, moins courageux, & non moins politique,
Divisant ses voisins, pour leur donner des fers,
Du fond de son Palais croit dompter l'Univers.

Sixte au Trône élevé du sein de la poussiere,
Avec moins de puissance a l'ame encore plus fiere;
Le Pastre de Montalte est le rival des rois,
Dans Paris, comme à Rome, il veut donner des loix;
Sous le pompeux éclat d'un triple Diadème,
Il pense asservir tout, jusqu'à Philippe même.
Violent, mais adroit, dissimulé, trompeur,
Ennemi des puissans, des foibles oppresseur,
Dans Londres, dans ma Cour il a formé des brigues,
Et l'Univers qu'il trompe, est plein de ses intrigues.

Voilà les ennemis que vous devez braver.
Contre moi l'un & l'autre oserent s'élever;
L'un combatant en vain l'Anglois & les orages,
Fit voir à l'Océan sa fuite & ses naufrages;
Du sang de ses Guerriers ce bord est encor teint;
L'autre se tait dans Rome, & m'estime & me craint.

Suivez donc, à leurs yeux, vôtre noble entreprife.
Si Maïenne eft vaincu, Rome fera foumife ;
Vous feul pouvez regler fa haine ou fes faveurs ;
Inflexible aux vaincus, complaifante aux vainqueurs,
Prête à vous condamner, facile à vous abfoudre,
C'eft à vous d'allumer, ou d'éteindre fa foudre.

N. Cleughels in.   N. Tardieu Scul.

LA
HENRIADE.

CHANT QUATRIEME.

TANDIS que pourſuivant leurs entretiens ſecrets,
 Et péſant, à loiſir, de ſi grands interets,
Ils épuiſoient tout-deux la ſcience profonde,
De combattre, de vaincre, & de régir le monde ;
La Seine avec effroy voit, ſur ſes bords ſanglants,
Les drapeaux de la ligue abandonnez aux vents.

Valois, loin de Henri, rempli d'inquietude,
Du deſtin des combats craignoit l'incertitude.
A ſes deſſeins flotants, il falloit un appuy ;
Il attendoit Bourbon, ſûr de vaincre avec luy.
Par ces retardements les Ligueurs s'enhardirent.
Des portes de Paris leurs Légions ſortirent.
Le ſuperbe d'Aumale, & Nemours, & Briſſac
Elbeuf, & Boiſdauphin, Bouflers, & Canillac,
D'un coupable parti défenſeurs intrépides,
Epouvantoient Valois de leurs ſuccès rapides. :
Et ce Roy trop ſouvent ſujet au repentir
Regrettoit le Heros, qu'il avoit fait partir.

Parmi ces combatants, ennemis de leur maitre,
Un frere de Joyeuſe oſa longtemps paroitre.
Ce fut lui, que Paris vit paſſer tour à tour,
Du ſiecle au fond d'un cloitre, & du cloitre à la cour ;
Vicieux, pénitent, courtiſan, ſolitaire,
Il prit, quitta, reprit la cuiraſſe, & la haire.
Du pied des ſaints autels arroſez de ſes pleurs,
Il courut de la Ligue animer les fureurs ;
Et plongea, dans le ſang de la France éplorée,
La main qu'à l'Eternel il avoit conſacrée.

Mais de tant de Guerriers, fi fiers, fi dangereux,
Celui qui merita l'éloge malheureux,
D'avoir plus ébranlé l'autorité royale,
Ce fut vous, jeune prince, impétueux d'Aumale;
Vous, né du fang Lorrain, fi fécond en Heros;
Vous, ennemi des rois, des loix, & du repos.
La fleur de la nobleffe en tout temps l'accompagne:
Avec eux, fans relâche, il fond dans la campagne,
Tantôt dans le filence, & tantôt à grand bruit,
A la clarté des cieux, dans l'ombre de la nuit,
Chez l'ennemi furpris portant par tout la guerre,
Du fang des affiegeants fon bras couvroit la terre.

Dans un de ces combats, de fa gloire enivré,
Aux tentes de Valois il avoit penetré.
La nuit & la furprife augmentoient les allarmes.
Tout plioit, tout trembloit, tout cedoit à fes armes.
Cet orageux torrent prompt à fe déborder,
Dans fon choc ténébreux alloit tout inonder.

Soudain, pareil aux feux dont l'éclat fend la nüe,
Henri vole à Paris, d'une courfe imprévüe.
Il arrive, il combat, il change les deftins:
La foudre eft dans fes yeux, la mort eft dans fes mains.

Vers son indigne cloitre on voit s'enfuir Joyeuse.

Au milieu des mourants tombe le fier Saveuse.

Bouflers où courez vous, trop jeune audacieux,

Ne cherchez point la mort, qui s'avance à vos yeux,

Respectez de Henry la valeur invincible.

Mais il tombe deja sous cette main terrible,

Ses beaux yeux sont noiez dans l'ombre du trepas,

Et son sang, qui le couvre, efface ses appas.

Telle une tendre fleur, qu'un matin voit éclorre,

Des baisers du Zephire, & des pleurs de l'Aurore,

Tombe aux premiers efforts de l'orage & des vents,

Dont le soufle ennemi vient ravager les champs.

En vain le fier d'Aumale arrête sur ces rives,

Des siens épouvantez les troupes fugitives ;

Sa voix pour un moment les rappelle aux combats.

La voix du grand Henry précipite leurs pas :

De son front menacant la terreur les renverse,

Leur chef les réünit, la crainte les disperse.

D'Aumale est avec eux dans leur fuite entrainé,

Tel que du haut d'un mont de frimats couronné

Au milieu des glaçons & des neiges fondues,

Tombe, & roule un rocher, qui menaçoit les nues.

Mais que dis-je, il s'arrête, il montre aux affiegeants,
Il montre encor ce front redouté fi long temps.
Des fiens qui l'entrainoient, fougueux il fe dégage,
Honteux de vivre encor il revole au carnage.
Il arrête un moment fon vainqueur étonné ;
Mais d'ennemis bientot il eft environné.
La Mort alloit punir fon audace fatale ;
La Difcorde le vit, & trembla pour d'Aumale,
La barbare qu'elle eft, a befoin de fes jours.
Elle s'elance en l'air, & vole à fon fecours.
Elle approche, elle oppofe, au nombre qui l'accable,
Son bouclier de fer, immenfe, impénétrable,
Qui commande au Trepas, qu'accompagne l'Horreur
Et dont la vüe infpire ou la rage ou la peur.
O fille de l'Enfer, Difcorde inexorable,
Pour la premiere fois tu parus fecourable.
Tu fauvas un Heros, tu prolongeas fon fort.
De cette même main miniftre de la mort,
De cette main barbare, acoutumée au crime,
Qui jamais jufques là n'epargna fes victimes,
Elle entraine d'Aumale aux portes de Paris,
Sanglant couvert de coups, qu'il n'avoit point fentis.

K

Elle applique à ſes maux une main ſalutaire.
Elle étanche ce ſang répandu pour luy plaire.
Mais tandis qu'a ſon corps elle rend la vigueur,
De ſes mortels poiſons elle infecte ſon cœur ;
Tel ſouvent un tiran, dans ſa pitié cruelle,
Suſpend d'un malheureux la ſentence mortelle ;
A ſes crimes ſecrets il fait ſervir ſon bras
Et quand ils ſont commis, il le rend au trépas.

Henry ſçait profiter de ce grand avantage,
Dont le ſort des combats honora ſon courage,
Des momens dans la guerre il connoit tout le prix,
Il preſſe au même inſtant ſes ennemis ſurpris ;
Il veut que les aſſauts ſuccedent aux batailles,
Il fait tracer leur perte autour de leurs murailles ;
Valois plein d'eſperance & fort d'un tel appui,
Donne aux Soldats l'exemple & le reçoit de lui ;
Il ſoutient les travaux, il brave les allarmes,
La peine à ſes plaiſirs, le péril à ſes charmes.
Tous les Chefs ſont unis, tout ſuccede à leurs vœux,
Et bientôt la Terreur, qui marche devant eux,

Des affiegez trembans diffipant les cohortes,
A leurs yeux éperdus, alloit brifer leurs portes.
Que peut faire Maïenne en ce péril preffant ?
Maïenne a pour foldats un peuple gémiffant ;
Ici la fille en pleurs lui redemande un pere,
Là le frere effraïé pleure au tombeau d'un frere,
Chacun plaint le prefent & craint pour l'avenir,
Ce grand corps allarmé ne peut fe réünir ;
On s'affemble, on confulte, on veut fuir, ou fe rendre,
Tous font irréfolus, nul ne veut fe défendre.
Tant le foible vulgaire avec légéreté,
Fait fucceder la peur à la témérité.

Maïenne en fremiffant voit leur troupe éperdue,
Cent deffeins partageoient fon ame irréfolue,
Quand foudain la difcorde aborde ce Héros,
Fait fifler fes ferpens & lui parle en ces mots.

Digne héritier d'un nom redoutable à la France,
Toi qu'unit avec moi le foin de ta vengeance,
Toi nourri fous mes yeux & formé fous mes loix,
Entens ta protectrice & reconnois ma voix.
Ne crains rien de ce peuple imbécile & volage,
Dont un foible malheur a glacé le courage ;

K 2

Leurs efprits font à moi, leurs cœurs font dans mes mains,
Tu les verras bientôt fecondant nos deffeins ;
De mon fiel abreuvez à mes fureurs en proïe,
Combatre avec audace & mourir avec joïe.

La Difcorde auffitôt plus prompte qu'un éclair,
Fend d'un vol affuré les campagnes de l'air.
Par-tout chez les François, le trouble & les allarmes,
Prefentent à fes yeux des objets pleins de charmes.
Son haleine en cent lieux répand l'aridité,
Le fruit meurt en naiffant dans fon germe infecté,
Les épics renverfez fur la terre languiffent,
Le Ciel s'en obfcurcit, les Aftres en pâliffent,
Et la foudre en éclats, qui gronde fous fes pieds,
Semble annoncer la mort aux peuples effraïez.
Un tourbillon la porte à ces rives fecondes,
Que le Tibre enrichit du tribut de fes ondes.
Rome enfin fe découvre à fes regards cruels,
Rome jadis fon temple & l'effroi des mortels,
Rome dont le deftin dans la paix, dans la guerre,
Eft d'être en tous les tems maîtreffe de la terre.

Par le fort des combats on la vit autrefois,
Sur leurs Trônes fanglans enchaîner tous les Rois.
L'Univers fléchiſſoit fous fon aigle terrible,
Elle exerce en nos jours un pouvoir plus paifible,
Elle a fû, fous fon joug, aſſervir fes vainqueurs,
Gouverner les efprits, & commander aux cœurs,
Ses avis font fes loix, fes decrets font fes armes.
Près de ce Capitole où régnoint tant d'allarmes ;
Sur les pompeux débris de Bellone & de Mars,
Un Pontife eſt aſſis au Trône des Cefars,
Des Prêtres fortunez foulent d'un pied tranquille,
Les Tombeaux des Catons & la cendre d'Emile,
Le Trône eſt fur l'Autel, & l'abfolu pouvoir,
Met dans les mêmes mains le Sceptre & l'encenfoir.
Là Dieu même a fondé fon églife naiſſante,
Tantot perfecutée, & tantot triomphante ;
Là fon premier apôtre avc la verité
Conduifit la candeur & la fimplicité.
Ses fucceſſeurs heureux quelque temps l'imiterent,
D'autant plus refpectez, que plus ils s'abaiſſerent.
Leur front d'un vain eclat n'étoit point revêtu
La pauvreté foutint leur auſtere vertu.

Et jaloux des feuls biens qu'un vray chretien défire,
Du fonds de leur chaumiere ils voloient au martire.
Le temps qui corrompt tout, changea bientot leurs mœurs.
Le ciel pour nous punir, leur donna des grandeurs,
L'Eglife dès ce jour puiffante & profanée
Aux confeils des méchants fe vit abandonnée ;
La trahifon, le meurtre, & l'empoifonement,
De fes fauffes grandeurs fut l'affreux fondement.
Les Lieutenants du chrift au fein du fanctuaire
Placerent fans rougir l'incefte & l'adultere,
Et Rome qu'opprimoit leur empire odieux
Sous ces tirans facrez regretta fes faux dieux.

On écouta depuis de plus fages maximes,
Sous des dehors plus doux la cour cacha fes crimes.
La décence y regna ; le conclave eût fes loix.
La vertu la plus pure y brilla quelque fois.
Des urfins dans nos jours a merité des temples.
Mais d'un tel fouverain la terre a peu d'exemples.
Et l'églife a compté depuis plus de mille ans,
Peu de pafteurs fans tache, & baucoup de tirans.

Sixte alors etoit Roy de l'Eglife & de Rome.
Si pour être honoré du titre de grand homme.

Il suffit d'etre faux, austere, & redouté,
Au rang des plus grands rois Sixte sera compté.
Il devoit sa grandeur à quinze ans d'artifices,
Il sut cacher quinze ans, ses vertus, & ses vices.
Il sembla fuir le rang qu'il bruloit d'obtenir
Et s'en fit croire indigne, afin d'y parvenir.
Sous le puissant abry de son bras despotique
Au fonds du vatican regnoit la Politique,
Fille de l'interêt & de l'ambition,
Dont nâquirent la fraude & la seduction.
Ce Monstre ingénieux en détours si fertile,
Accablé de soucis paroit simple & tranquille ;
Ses yeux creux & perçans ennemis du repos,
Jamais du doux sommeil n'ont senti les pavots ;
Par cent déguisemens à toute heure elle abuse,
Les regards éblouïs de l'Europe confuse,
Toujours l'autorité lui prête un prompt secours,
Le mensonge subtil régne en tous ses discours,
Et pour mieux déguiser son artifice extrême,
Elle emprunte la voix de la Verité même.

A peine la Discorde avoit frapé ses yeux,
Elle court dans ses bras d'un air misterieux ;

Avec un ris malin la flate, la careffe,
Puis prenant tout-à-coup un ton plein de trifteffe,
Je ne fuis plus, dit-elle, en ces tems bienheureux,
Où les peuples féduits me préfentoient leurs vœux,
Où la crédule Europe à mon pouvoir foumife,
Confondoit dans mes loix, les loix de fon Eglife.
Je parlois & foudain les Rois humiliez,
Du Trône en fremiffant décendoient à mes pieds ;
Sur la terre à mon gré ma voix fouffloit les guerres,
Du haut du Vatican je lançois les tonnerres.
Je tenois dans mes mains la vie & le trépas ;
Je donnois, j'enlevois, je rendois les Etats.
Cet heureux tems n'eft plus.   Le Sénat de la France,
Eteint prefque en mes mains, les foudre que je lance ;
Plein d'amour pour l'Eglife & pour moi plein d'horreur,
Il ôte aux Nations le bandeau de l'erreur ;
C'eft lui qui le premier démafquant mon vifage,
Venge la verité dont j'empruntois l'image ;
Que ne puis-je, o Difcorde, ardente à te fervir,
Le féduire lui méme, ou du moins le punir ;
Allons qu'à tes flambeaux je rallume ma foudre,
Que le Trône François tombe réduit en poudre ;

Que nos poifons unis infectent l'Univers,
Elle dit & foudain s'élance dans les airs.

Ces Monftres à l'inftant pénétrent un azile,
Où la Religion folitaire, tranquille,
Sans pompe & fans éclat, belle de fa beauté,
Paffoit dans la priere & dans l'humilité,
Des jours qu'elle dérobe à la foule importune
De ceux, qui fous fon nom n'aiment que la fortune.
Son ame pour Henry brûloit d'un faint amour ;
Cette fille des Cieux fait, qu'elle doit un jour,
Vengeant de fes Autels le culte légitime,
Adopter pour fon fils ce Héros magnanime :
Elle l'en croïoit digne, & fes ardens foupirs,
Hatoient cet heureux tems, trop lent pour fes defirs.
Soudain la Politique & la Difcorde impie,
Surprennent en fecret leur Augufte ennemie ;
Sur fon modefte front, fur fes charmes divins,
Ils portent fans frémir, leurs facrileges mains,
Prennent fes vêtemens, & fiers de cette injure,
De fes voiles facrez ornent leur tête impure ;

L

C'en eſt fait & déja leurs malignes fureurs,
Dans Paris éperdu vont changer tous les cœurs.

D'un air inſinuant, l'adroite Politique,
Penetre au vaſte ſein de la Sorbonne antique,
Elle y voit à grands flots acourir ces Docteurs,
De la vérité ſainte éclairez défenſeurs,
Qui des peuples Chrétiens, arbitres & modeles,
A leur culte attachez, à leur Prince fideles,
Conſervoient juſqu'alors une mâle vigueur,
Toûjours impénétrable aux fleches de l'Erreur.
Qu'il eſt peu de vertu, qui réſiſte ſans ceſſe !
Du Monſtre déguiſé la voix enchantereſſe,
Ebranle leurs eſprits, par ſes diſcours flateurs.
Aux plus ambitieux elle offre des grandeurs,
Par l'éclat d'une mitre elle éblouit leur vûe :
De l'avare en ſecret la voix lui fut vendue;
Par un éloge adroit le ſavant enchanté,
Pour prix d'un vain encens trahit la verité :
Menacé par ſa voix le foible s'intimide.
On s'aſſemble en tumulte, en tumulte on décide,

Parmi les cris confus, la difpute & le bruit,
De ces lieux en pleurant la Verité s'enfuit,
On brife les liens de cette obéïffance,
Qu'aux enfans des Capets avoit juré la France.
La Difcorde auffitôt, de fa cruelle main,
Trace en lettres de fang ce Decret inhumain.

Soudain elle s'envole & d'Eglife en Eglife,
Annonce aux factieux cette grande entreprife.
Sous l'habit d'Auguftin, fous le froc de François,
Dans les Cloîtres facrez, fait entendre fa voix;
Elle apelle à grands cris tous ces fpectres aufteres,
De leur joug rigoureux efclaves volontaires,
De la Religion reconnoiffez les traits,
Dit elle, & du très-Haut vengez les intérêts.
C'eft moi, qui viens à vous, c'eft moi, qui vous apelle,
Ce fer qui dans mes mains à vos yeux étincelle,
Ce glaive redoutable à nos fiers ennemis,
Par la main de Dieu même, en la mienne eft remis;
Il eft tems de fortir de l'ombre de vos temples,
Allez d'un zele faint répandre les exemples,

L 2

Aprenez aux François, incertains de leur foi,

Que c'eſt ſervir leur Dieu, que d'attaquer leur Roi ;

Songez que de Levi la famille ſacrée,

Du Miniſtere ſaint par Dieu même honorée,

Mérita cet honneur, en portant à l'Autel

Des mains teintes du ſang des enfans d'Iſraël.

Que dis-je où ſont ces temps, où ſont ces jours proſperes,

Où j'ay vu les François maſſacrez par leurs freres ?

C'étoit vous prêtres ſaints, qui conduiſiez leurs bras.

Coligny par vous ſeuls a reçu le trepas.

J'ay nagé dans le ſang ; que le ſang coule encore.

Montrez vous, inſpirez ce peuple qui m'adore.

Venez... au même inſtant il donne le ſignal.

Tous ſont empoiſonez de ſon vénin fatal.

Il conduit dans Paris leur marche ſolemnelle.

L'étendart de la croix paroit au milieu d'elle.

Ils chantent, & leurs cris devots & furieux

Semblent à leur revolte aſſocier les cieux.

On les entend mêler dans leurs vœux fanatiques,

Les imprecations aux prieres publiques.

Prêtres audacieux, imbecilles ſoldats,

Du ſabre & de l'épée ils ont chargé leurs bras ;

Une lourde cuiraſſe à couvert leur cilice.

Dans les murs de Paris cette infame milice,

Suit au milieu des flots d'un peuple impétueux,

Le Dieu, ce Dieu de paix qu'on porte devant eux.

Maïenne, qui de loin voit leur folle entrepriſe,

La mépriſe en ſecret & tout haut l'autoriſe ;

Il ſait combien le peuple avec ſoumiſſion,

Confond le fanatiſme & la Religion ;

Il conoit ce grand art, aux Princes néceſſaire,

De nourrir la foibleſſe & l'erreur du vulgaire.

A ce pieux ſcandale, enfin, il aplaudit,

Le ſage s'en indigne & le ſoldat en rit ;

Mais le peuple excité juſques aux cieux envoie

Des cris d'emportement, d'eſpérance & de joie ;

Et comme à ſon audace a ſuccedé la peur,

La crainte en un moment fait place à la fureur ;

Ainſi l'Ange des mers ſur le ſein d'Amphitrite,

Calme à ſon gré les flots, à ſon gré les irrite.

La diſcorde choiſit ſeize ſéditieux,

Signalez par le crime entre les factieux,

Miniftres infolens de leur Reine nouvelle,
Sur fon char tout fanglant ils montent avec elle,
L'Orgueil, la Trahifon, la Fureur, le Trépas,
Dans des ruiffeaux de fang marchent devant leurs pas,
Nez dans l'obfcurité, nouris dans la baffeffe,
Leur haine pour les Rois leur tient lieu de nobleffe,
Et jufques fous le daix par le peuple portez,
Maïenne en fremiffant les voit à fes côtez ;
Des jeux de la difcorde ordinaires caprices,
Qui fouvent rend égaux ceux qu'elle rend complices.

Dans ces jours de tumulte & de fédition,
Themis réfiftoit feule à la contagion,
La foif de s'agrandir, la crainte, l'efperance,
Rien n'avoit dans fes mains fait pancher fa balance ;
Son Temple étoit fans tache & la fimple Equité,
Auprès d'elle en fuïant, cherchoit fa fureté.
Il eft dans ce S. Temple un Senat vénerable,
Propice à l'Innocence, au Crime redoutable,
Qui des loix de fon Prince & l'organe & l'appui,
Marche d'un pas égal entre fon peuple & lui ;

Dans l'équité des Rois ſa juſte confiance,
Souvent porte à leurs pieds les plaintes de la France ;
Le ſeul bien de l'Etat fait ſon ambition,
Il haït la Tirannie & la Rebellion ;
Toujours plein de reſpect, toujours plein de courage,
De la ſoumiſſion diſtingue l'eſclavage,
Et pour nos Libertez toujours prompt à s'armer,
Connoit Rome, l'honore, & la fait réprimer.

De ces ſeize Tirans l'inſolente Cohorte,
Du Temple de Themis environne la porte,
On voioit à leur tête un vil Gladiateur,
Monté par ſon audace à ce coupable honneur ;
Il s'avance au milieu de l'Auguſte Aſſemblée,
Par qui des Citoïens la fortune eſt reglée.

Magiſtrats, leur dit-il, qui tenez au Senat,
Non la place du Roi, mais celle de l'Etat.
Le peuple aſſez long-tems opprimé par vous même,
Vous inſtruit par ma voix, de ſes ordres ſuprêmes,
Las du joug des Capets, qui l'ont tiranniſé,
Il leur ôte un pouvoir dont ils ont abuſé ;
Je vous défends ici d'oſer les reconnoître ;
Songez que deformais le peuple eſt vôtre maître,

Obéiſſez . . . Ces mots prononcez fierement,
Portent dans les eſprits un juſte étonnement.

Le Senat indigné d'une telle inſolence,
Ne pouvant la punir, garde un noble ſilence.
La Ligue audacieuſe en fremit de fureur;
Elle avoit tout ſéduit hors ce Senat vengeur.
Cette fermeté rare eſt pour elle un outrage.
Le grand Harlai ſur-tout eſt l'objet de ſa rage;
Cet organe des loix ſi terrible aux pervers,
Par ceux qu'il doit punir, ſe voit chargé de fers.
On voit auprés de lui les Chefs de la Juſtice,
Brûlans de partager l'honneur de ſon ſupplice,
Victimes de la foi, qu'on doit aux Souverains,
Tendre aux fers des Tirans, leurs genereuſes mains.

Muſe, redites moi ces noms chers à la France,
Conſacrez ces Héros, qu'opprima la Licence;
Le vertueux de Thou, Molé, Scaron, Bayeul,
Amelot, Blancmenil, & vous jeune Longueil.
En qui le rare eſprit tint lieu d'experience,
Et dont l'amè intrepide egala la prudence.

Tout le Senat, enfin, par les Seize enchainé,
A travers un vil peuple en triomphe eft mené,
* Dans cet affreux Château, Palais de la vengeance,
Qui renferme fouvent le crime & l'innocence.
Ainfi ces factieux ont changé tout l'Etat.
Il n'eft plus de Sorbonne, il n'eft plus de Senat ;
En eft-ce affez enfin pour leur rage infolente ?
Ciel, ô ! Ciel, Quel objet à mes yeux fe prefente !
Qui font ces Magiftrats, que la main d'un boureau
Par l'ordre des Tirans précipite au tombeau ?
Les vertus dans Paris ont le deftin des crimes.
Briffon, Larcher, Tardif, honorables victimes,
Vous n'êtes point flétris par ce honteux trépas.
Manes trop génereux, vous n'en rougiffez pas,
Vos noms toujours fameux vivront dans la mémoire.
Et qui meurt pour fon Roi, meurt toujours avec gloire.

Cependant la Difcorde au milieu des mutins,
S'aplaudit du fuccès de fes affreux deffeins ;
D'un air fier & content fa cruauté tranquile,
Contemple les effets de la Guerre Civile,

* La Baftille.

M

Dans ces murs tous fanglans des peuples malheureux,
Unis contre leur Prince, & divifez entr'eux,
Jouets infortunez des fureurs inteſtines,
De leur triſte Patrie avançant les ruïnes,
Le tumulte au-dedans, le péril au-dehors,
Et par-tout le débris, le carnage, & les morts.

LA
HENRIADE.

CHANT CINQUIEME.

CEPENDANT s'avançoient ces machines mortelles,
   Qui portoient dans leur fein la perte des rebelles;
Et le fer & le feu volant de toutes parts,
De cent bouches d'airain foudroioient leurs ramparts.

  Les Seize & leur couroux, Maïenne & fa prudence,
D'un peuple mutiné la farouche infolence,

Des Docteurs de la loi les scandaleux discours,
Contre le Grand Henry n'étoient qu'un vain secours ;
La victoire à grands pas s'aprochoit sur ses traces,
Sixte, Philippe, Rome, éclatoient en menaces ;
Mais Rome n'étoit plus terrible à l'Univers :
Ses foudres impuissans se perdoient dans les airs.
Et du vieux Castillan la lenteur ordinaire
Privoit les assiegez d'un secours nécessaire.
Ses Soldats dans la France errants de tous côtez,
Sans secourir Paris, desoloient nos Citez.
Le perfide attendoit que la Ligue épuisée,
Pût offrir à son bras une conquête aisée :
Et l'apui dangereux de sa fausse amitié,
Leur préparoit un maître au lieu d'un allié ;
Lorsque d'un furieux la main déterminée,
Sembla pour quelque-tems changer la destinée.

Vous, des murs de Paris tranquiles habitans,
Que le Ciel a fait naître en de plus heureux tems,
Pardonnez, si ma main retrace à la mémoire,
De vos ayeux séduits la criminelle histoire.
L'horreur de leurs forfaits ne s'étend point sur vous,
Votre amour pour vos Rois les a reparez tous.

L'Eglife a de tout tems produit des folitaires,
Qui raffemblez entr'eux fous des règles feveres,
Et diftinguez en tout du refte des mortels,
Se confacroient à Dieu par des vœux folemnels.
Les uns font demeurez dans une paix profonde,
Toujours inacceffible aux vains attraits du monde.
Jaloux de ce repos qu'on ne peut leur ravir,
Ils ont fui les humains qu'ils auroient pû fervir.
Les autres à l'Etat rendus plus néceffaires,
Ont éclairé l'Eglife, ont monté dans les chaires ;
Mais fouvent enivrez de ces talens flâteurs,
Répandus dans le fiècle, ils en ont pris les mœurs.
Leur fourde ambition n'ignore point les brigues ;
Souvent plus d'un païs s'eft plaint de leurs intrigues.
Ainfi chez les humains par un abus fatal,
Le bien le plus parfait eft la fource du mal.
   Ceux qui de Dominique ont embraffé la vie,
Ont vu long-tems leur gloire en Efpagne établie ;
Et de l'obfcurité des plus humbles Emplois,
Ont paffé tout-à-coup dans les Palais des Rois.
Avec non moins de zèle & bien moins de puiffance,
Cet ordre fi fameux fleuriffoit dans la France.

Protegé par les Rois, paifible, heureux enfin,
Si le traitre Clement n'eût été dans fon fein.

Clement dans la retraite avoit dès fon jeune âge,
Porté les noirs accès d'une vertu fauvage.
Efprit foible, & crédule en fa dévotion,
Il fuivoit le torrent de la rebellion ;
Sur ce jeune infenfé la difcorde fatale
Répandit le venin de fa bouche infernale.
Profterné chaque jour aux pieds des faints Autels,
Il fatiguoit les Cieux de fes vœux criminels.
On dit que tout foüillé de cendre & de poufſiere,
Un jour il prononça cette horrible priere.
Dieu protecteur des Rois, Dieu vengeur des Tirans,
Te verra-t-on fans ceffe accabler tes enfans,
Et d'un Roi qui t'outrage armant les mains impures,
Favorifer le meurtre, & benir les parjures ?
Grand Dieu ! Par tes fleaux c'eft trop nous éprouver.
Contre tes ennemis daigne enfin t'élever.
Détourne loin de nous la mort & la mifere ;
Délivre nous d'un Roi donné dans ta colere ;

Viens, des Cieux enflâmez, abaiffe la hauteur,
Fais marcher devant toi l'Ange exterminateur,
Defcends, & d'une main de cent foudres armée,
Frape, écrafe à nos yeux leur facrilège armée,
Que les Chefs, les Soldats, les deux Rois expirans,
Tombent comme la feüille, éparfe au gré des vents,
Et que fauvez par toi, nos Ligueurs Catholiques
Sur leurs corps tous fanglans t'adreffent leurs Cantiques.

    La Difcorde attentive en traverfant les airs,
Entend ces cris affreux & les porte aux enfers.
Elle amene à l'inftant de ces royaumes fombres,
Le plus cruel tiran de l'empire des ombres.
Il vient ; le *Fanatifme* eft fon horrible nom.
Enfant dénaturé de la Religion,
Armé pour la deffendre, il cherche à la détruire ;
Et receu dans fon fein, l'embraffe & le déchire.
C'eft luy qui dans Rabah fur les bords de l'Arnon
Guidoit les defcendants du malheureux Ammon,
Quand à Moloch leur Dieu des meres gémiffantes
Offroient de leurs enfans les entrailles fumantes.
Il dicta de Jephté le ferment inhumain.
Dans le cœur de fa fille il conduifit fa main.

C'eſt luy qui de Calcas ouvrant la bouche impie,
Demanda par ſa voix la mort d'Iphigenie.
France dans tes forets il habita long-temps.
A l'affreux Teutâtes il offrit ton encens.
Tu n'as point oublié ces ſacrés homicides,
Qu'à tes indignes Dieux préſentoient tes Druïdes.
Du haut du Capitole il crioit aux Payens,
Frappez, exterminez, déchirez les Chrétiens.
Mais lors qu'au fils de Dieu Rome enfin fut ſoumiſe,
Du Capitole en cendre il paſſa dans l'Egliſe.
Et dans les cœurs chrétiens inſpirant ſes fureurs,
De Martirs qu'ils étoient, les fit perſécuteurs.
Dans Londre il inſpira ces peuples de Sectaires,
Trembleurs, Indépendants, Puritains, Unitaires.
Dans Madrid, dans Lisbonne il allume ces feux,
Ces buchers ſolemnels, où des Juifs malheureux
Sont tous les ans en pompe envoïez par des prêtres,
Pour n'avoir point quitté la foy de leurs anceſtres.
Toujours il revétoit dans ſes déguiſemens,
Des Miniſtres des Cieux les ſacrés ornemens :
Mais il prit cette fois dans la nuit éternelle,
Pour des crimes nouveaux une forme nouvelle.

L'audace & l'artifice en firent les aprêts.

Il emprunte de Guife & la taille & les traits,

De ce fuperbe Guife, en qui l'on vit paroître,

Le Tiran de l'Etat, & le Roi de fon Maître,

Et qui toujours puiffant, même après fon trépas,

Traînoit encor la France à l'horreur des combats.

D'un cafque redoutable il a chargé fa tête.

Un glaive eft dans fa main au meurtre toujours prête.

Son flanc même eft percé des coups dont autrefois

Ce Héros factieux fut maffacré dans Blois ;

Et la voix de fon fang qui coule en abondance,

Semble accufer Valois, & demander vengeance.

 Ce fut dans ce terrible & lugubre apareil,

Qu'au milieu des pavots que verfe le fommeil,

Il vint trouver Clement au fond de fa retraite.

La fuperftition, la cabale inquiete,

Le faux zèle enflâmé d'un couroux éclatant,

Veilloient tous à fa porte & l'ouvrent à l'inftant ;

Il entre ; & d'une voix majeftueufe & fiere,

Dieu reçoit, lui dit-il, tes vœux & ta priere ;

Mais n'aura-t-il de toi pour culte & pour encens,

Qu'une plainte éternelle & des vœux impuiffans ?

N

Au Dieu que fert la Ligue, il faut d'autres offrandes,
Il exige de toi les dons que tu demandes.
Si Judith autrefois pour fauver fon païs,
N'eût offert à fon Dieu que des pleurs & des cris ;
Si craignant pour les fiens, elle eût craint pour fa vie,
Judith eût vû tomber les murs de Bethulie.
Voilà les faints exploits que tu dois imiter,
Voilà l'offrande, enfin, que tu dois préfenter.
Mais tu rougis déja de l'avoir differée, . . .
Cours, vole, & que ta main dans le fang confacrée,
Délivrant les François de leur indigne Roi,
Venge Paris & Rome, & l'Univers & moi.
Par un affaffinat Valois trencha ma vie,
Il faut d'un même coup punir fa perfidie ;
Mais du nom d'affaffin ne prens aucun effroi :
Ce qui fut crime en lui, fera vertu dans toi.
Tout devient légitime à qui venge l'Eglife.
Le meurtre eft jufte alors, & le Ciel l'autorife.
Que dis-je ? il le commande ; il t'inftruit par ma voix,
Qu'il a choifi ton bras pour la mort de Valois ;
Heureux fi tu pouvois, confommant fa vengeance,
Joindre le Navarois au Tiran de la France,

Et fi de ces deux Rois tes Citoïens fauvez,
Te pouvoient!.. mais les tems ne font pas arrivez.
Henry doit vivre encor, & Dieu qu'il pérfecute,
Réferve à d'autres mains la gloire de fa chûte.
Toi, de ce Dieu jaloux, remplis les grands deffeins,
Et reçois ce préfent qu'il te fait par mes mains.

 Le Fantome, à ces mots, fait briller une épée,
Qu'aux infernales eaux la haine avoit trempée;
Dans la main de Clement il met ce don fatal;
Il fuit, & fe replonge au féjour infernal.

 Trop aifément trompé le jeune folitaire
Des intérêts des Cieux fe crut dépofitaire.
Il baife avec refpect ce funefte préfent,
Il implore à genoux le bras du Tout-puiffant;
Et plein du monftre affreux dont la fureur le guide,
D'un air fanctifié s'aprête au parricide.
 Combien le cœur de l'homme eft foumis à l'erreur!
Clement goûtoit alors un paifible bonheur.
Il étoit animé de cette confiance
Qui dans le cœur des Saints affermit l'innocence.

N 2

Sa tranquile fureur marche les yeux baiffez.

Ses facrilèges vœux au Ciel font adreffez ;

Son front de la vertu porte l'empreinte auftère,

Et fon fer parricide eft caché fous fa haire.

Il marche ; fes amis inftruits de fon deffein,

Et de fleurs fous fes pas parfumant fon chemin,

Remplis d'un faint refpeƐt aux portes le conduifent,

Beniffent fon deffein, l'encouragent, l'inftruifent,

Placent déja fon nom parmi les noms facrés,

Dans les faftes de Rome à jamais revérés,

Le nomment à grands cris le vengeur de la France,

Et l'encens à la main l'invoquent par avance.

C'eft avec moins d'ardeur, avec moins de tranfport,

Que les premiers Chrétiens, avides de la mort,

Intrépides foutiens de la foi de leurs peres,

Au Martire autrefois accompagnoient leurs freres ;

Envioient les douceurs de leur heureux trépas,

Et baifoient en pleurant les traces de leurs pas.

Voila comme à nos yeux, trop foibles que nous fommes,

Souvent les fcélérats reffemblent aux grands-hommes;

On ne diftingue point le vrai zèle & le faux.

Comme la vérité, l'erreur a fes Héros.

Le fanatique impie, & le Chrétien fincère,
Sont marquez quelque-fois du même caractère.

  Maïenne dont les yeux favent tout éclairer,
Voit le coup qu'on prépare & feint de l'ignorer,
De ce crime odieux fon prudent artifice,
Songe à cueillir le fruit fans en être complice;
Il laiffe avec adreffe aux plus féditieux
Le foin d'encourager ce jeune furieux.

  Tandis que des Ligueurs une troupe homicide,
Aux portes de Paris conduifoit le perfide;
Des Seize en même-tems le facrilège effort,
Sur tant d'événemens interrogeoit le fort.
Jadis de Medicis l'audace curieufe,
Chercha de ces fecrets la fcience odieufe,
Aprofondit long-tems cet art furnaturel,
Si fouvent chimerique, & toujours criminel:
Tout fuivit fon exemple, & le peuple imbécile,
Des vices de la Cour imitateur fervile,
Epris du merveilleux, Amant des nouveautez,
S'abandonnoit en foule à ces impietez.

Dans l'ombre de la nuit fous une voute obfcure,
Le filence a conduit leur affemblée impure.
A la pâle lueur d'un magique flambeau,
S'éleve un vil Autel dreffé fur un tombeau ;
C'eft là que des deux Rois on plaça les images
Objets de leur terreur, objets de leurs outrages.
Leurs facrilèges mains ont mêlé fur l'Autel
A des noms infernaux, le nom de l'Eternel.
Sur ces murs tenebreux cent lances font rangées.
Dans des vafes de fang leurs pointes font plongées,
Appareil effraïant de leur miftère affreux.
Le prêtre de ce temple, eft un de ces Hebreux,
Qui profcrits fur la terre, & citoyens du monde,
Portent de mers en mers leur mifere profonde,
Et d'un antique amas de fuperftitions
Ont rempli dès long-temps toutes les Nations.
D'abord autour de luy les Ligueurs en furie,
Commencent à grands cris ce facrifice impie.
Leurs parricides bras fe lavent dans le fang ;
De Valois fur l'autel ils vont percer le flanc.
Avec plus de terreur, & plus encor de rage
De Henri fous leurs pieds ils renverfent l'image.

Et penſent que la mort, fidelle à leur couroux,
Va tranſmettre à ces Rois l'atteinte de leurs coups.

    L'Hebreu joint cependant la priere au blaſphème.
Il invoque l'abiſme, & les cieux, & Dieu même.
Tous ces impurs eſprits qui troublent l'univers,
Et le feu de la foudre, & celuy des enfers.

    Tel fut dans Gelboa le ſecret ſacrifice
Qu'à ſes Dieux infernaux offrit la Pithoniſſe,
Alors qu'elle évoqua devant un Roy cruel,
Le ſimulacre affreux du prêtre Samüel.
Ainſi contre Juda, du haut de Samarie,
Des Prophètes menteurs tonnoit la bouche impie ;
Ou tel chez les Romains l'inflexible Ateïus,
Maudit au nom des Dieux les armes de Craſſus.

    Aux magiques accents que ſa bouche prononce,
Les Seize oſent du Ciel attendre la réponſe.
A dévoiler leur ſort, ils penſent le forcer :
Le Ciel pour les punir voulut les exaucer.
Il interrompt pour eux les loix de la nature.
De ces antres muets ſort un triſte murmure.
Mille éclairs redoublez dans la profonde nuit,
Pouſſent un jour affreux qui renaît & qui fuit.

Au milieu de ces feux, Henry brillant de gloire,
Aparoit à leurs yeux fur un char de victoire ;
Des lauriers couronnoient fon front noble & ferain,
Et le Sceptre des Rois éclatoit dans fa main.
L'air s'embrafe à l'inftant de cent coups de tonnerre ;
L'Autel couvert de feux tombe & fuit fous la terre,
Et les Seize éperdus, l'Hébreu faifi d'horreur,
Vont cacher dans la nuit leur crime & leur terreur ;
Ces Tonnerres, ces feux, ce bruit épouventable,
Annonçoient à Valois fa perte inévitable.
Dieu du haut de fon Trône avoit compté fes jours,
Il avoit loin de lui retiré fon fecours ;
La Mort impatiente attendoit fa victime,
Et pour perdre Valois, Dieu permettoit un crime.

Clement au camp du Prince a marché fans effroi.
Il arrive, il demande à parler à fon Roi ;
Il dit que dans ces lieux amené par Dieu même,
Il y vient rétablir les droits du Diadème,
Et réveler au Roi des fecrets importans.
On l'interroge, on doute, on l'obferve long-tems ;

On craint fous cet habit un funefte miftère.
Il fubit fans aïlarme un examen fevère;
Il fatisfait à tout avec fimplicité;
Chacun dans fes difcours croit voir la verité;
La garde aux yeux du Roi le fit enfin paroître.
L'afpect du Souverain n'étonna point ce traître.
D'un air humble & tranquile il fléchit les genoux.
Il obferve à loifir la place de fes coups;
Et le menfonge adroit qui conduifoit fa langue,
Lui dicta cependant fa perfide harangue.

Souffrez, dit-il, grand Roi que ma timide voix,
S'adreffe au Dieu puiffant qui fait règner les Rois;
Permettez avant tout, que mon cœur le béniffe
Des biens que va fur vous répandre fa juftice.
Le vertueux Potier, le prudent Villeroy,
Parmi vos ennemis vous ont gardé leur foi;
Harlai, le grand Harlai, dont l'intrépide zèle,
Fut toûjours formidable à ce peuple infidèle,
Du fond de fa prifon réiinit tous les cœurs,
Raffemble vos fujets, & confond les Ligueurs.

O

Dieu qui bravant toûjours les puiffans & les fages,
Par la main la plus foible accomplit fes ouvrages,
Devant le grand Harlai lui même m'a conduit.
Rempli de fa lumiere, & par fa bouche inftruit,
J'ai volé vers mon Prince & vous rends cette lettre,
Qu'à mes fidèles mains Harlai vient de remettre.

Valois reçoit la lettre avec empreffement.
Il béniffoit les Cieux d'un fi prompt changement ;
Quand pourrai-je, dit-il, au gré de ma juftice,
Recompenfer ton zèle & payer ton fervice ?
En lui difant ces mots il lui tendoit les bras.
Le Monftre au même inftant tire fon coutelas,
L'en frappe, & dans le flanc l'enfonce avec furie.
Le fang coule, on s'étonne, on s'avance, on s'écrie ;
Mille bras font levez pour punir l'affaffin :
Lui fans baiffer les yeux les voit avec dédain ;
Fier de fon parricide, & quitte envers la France,
Il attend à genoux la mort pour recompenfe ;
De la France & de Rome il croit être l'appui,
Il penfe voir les Cieux qui s'entr'ouvrent pour lui,

Et demandant à Dieu la palme du Martyre,
Il bénit en tombant les coups dont il expire.
Aveuglement terrible, affreuse illufion !
Digne à la fois d'horreur & de compaffion ;
Et de la mort du Roi moins coupable peut-être,
Que ces lâches Docteurs ennemis de leur Maître,
Dont la voix répandant un funefte poifon,
D'un foible folitaire égara la raifon.

Déja Valois touchoit à fon heure derniere.
Ses yeux ne voïoient plus qu'un refte de lumiere ;
Ses Courtifans en pleurs autour de lui rangez,
Par leurs deffeins divers en fecret partagez,
D'une commune voix formant les mêmes plaintes,
Exprimoient des douleurs ou fincères ou feintes.
Quelques-uns que flatoit l'efpoir du changement,
Du danger de leur Roi s'affligeoient foiblement ;
Les autres qu'occupoit leur crainte intereffée,
Pleuroient au lieu du Roi leur fortune paffée.
Parmi ce bruit confus de plaintes, de clameurs,
Henry vous répandiez de véritables pleurs.

Il fut vôtre ennemi ; mais les cœurs nés fenfibles,
Sont aifément émus dans ces momens horribles ;
Henri ne fe fouvint que de fon amitié.
En vain fon intereft combattoit fa pitié :
Ce héros vertueux fe cachoit à luy même,
Que la mort de fon Roi lui donne un diadème.

Valois tourna fur lui par un dernier effort,
Ses yeux appefantis qu'alloit fermer la mort ;
Et touchant de fa main fes mains victorieufes,
Retenez, lui dit-il, vos larmes génereufes ;
L'Univers indigné doit plaindre vôtre Roi :
Vous Bourbon, combattez, régnez & vengezmoi.
Je meurs, & je vous laiffe au milieu des orages,
Affis fur un écuëil couvert de mes naufrages,
Mon trône vous attend, mon trône vous eft dû,
Jouiffez de ce bien par vos mains déffendu ;
Mais fongez que la foudre en tout tems l'environne,
Craignez en y montant ce Dieu qui vous le donne.
Puiffiez-vous, détrompé d'un dogme criminel,
Rétablir de vos mains fon culte & fon autel !

Adieu, régnez heureux. Qu'un plus puiſſant génie,
Du fer des aſſaſſins déffende vôtre vie.
Vous connoiſſez la Ligue, & vous voyez ſes coups ;
Ils ont paſſé par moi pour aller juſqu'à vous ;
Peut-être un jour viendra qu'une main plus barbare…
Juſte Ciel épargnez une vertu ſi rare.
Permettez !.. à ces mots, l'impitoïable mort
Lui coupe la parole & termine ſon ſort.

Au bruit de ſon trépas Paris ſe livre en proïe,
Aux tranſports odieux de ſa coupable joïe.
De cent cris de victoire ils rempliſſent les airs ;
Les travaux ſont ceſſez, les temples ſont ouverts,
De couronnes de fleurs ils ont paré leurs têtes,
Ils conſacrent ce jour à d'éternelles fêtes ;
Inſenſez qu'ils étoient, ils ne découvroient pas
Les abîmes profonds, qu'ils creuſoient ſous leurs pas ;
Ils devoient bien plûtôt, prévoïant leurs miſères,
Changer ce vain triomphe en des larmes amères ;
Ce vainqueur, ce héros qu'ils oſoient défier,
Henry du haut du trône alloit les foudroïer,

Le fceptre dans fa main rendu plus redoutable,
Annonce à ces mutins leur perte inévitable ;
Devant lui tous les Chefs ont fléchi les genoux.
Pour leur Roi légitime ils l'ont reconnu tous.
Et certains déformais du deftin de la guerre,
Ils jurent de le fuivre aux deux bouts de la terre.

LA
HENRIADE.

CHANT SIXIEME.

C'EST un ufage antique, & facré parmi nous ;
   Quand la mort fur le Trône étend fes rudes coups,
Et que du fang des Rois fi chers à la Patrie,
Dans fes derniers canaux la fource s'eft tarie ;
Le peuple au méme inftant rentre en fes premiers droits.
Il peut choifir un Maitre, il peut changer fes loix ;

Les Etats affemblez, organes de la France,
Nomment un Souverain, limitent fa puiffance.
Ainfi de nos ayeux les auguftes décrets,
Au rang de Charlemagne ont placé les Capets.

　La Ligue audacieufe, inquiéte, aveuglée
Ofe de ces Etats ordonner l'affemblée ;
Et croit avoir acquis par un affaffinat,
Le droit d'élire un Maitre, & de changer l'Etat.
Ils penfoient à l'abry d'un trône imaginaire,
Mieux repouffer Bourbon, mieux tromper le vulgaire.
Ils croïoient qu'un Monarque uniroit leurs deffeins,
Que fous ce nom facré leurs droits feroient plus faints,
Qu'injuftement élû, c'étoit beaucoup de l'être.
Et qu'enfin, tel qu'il foit, le François veut un Maitre.
　Bien-tôt de tous cotez accourent à grand bruit
Tous ces Chefs obftinez qu'un fol orgueil féduit.
Les Lorrains, les Nemours, des prêtres en furie,
L'Ambaffadeur de Rome, & celuy d'Iberie,
Ils marchent vers le louvre, où par un nouveau choix
Ils alloient infulter aux manes de nos Rois.

Le luxe toûjours né des miferes publiques,
Prépare avec éclat ces Etats chimeriques.
Là ne parurent point ces Princes, ces Seigneurs,
De nos antiques pairs auguftes fucceffeurs ;
Qui près des Rois affis, nés Juges de la France,
Du pouvoir qu'ils n'ont plus, ont encor l'apparence.
Là de nos Parlements les fages députés,
Ne déffendirent point nos foibles libertès.
On n'y vit point des lis l'appareil ordinaire.
Le louvre eft étonné de fa pompe étrangere.
Là le légat de Rome eft d'un fiége honoré:
Près de luy pour Maïenne un dais eft préparé.
Sous ce dais on lifoit ces mots épouvantables ;
" Rois qui jugez la terre, & dont les mains coupables
" Ofent tout entreprendre & ne rien épargner,
" Que la mort de Valois vous apprenne à règner.

On s'affemble ; & dèja les partis, les cabales
Font retentir ces lieux de leurs voix infernales.
Le bandeau de l'erreur aveugle tous les yeux.
L'un des faveurs de Rome efclave ambitieux,

P

S'adreffe au légat feul, & devant luy déclare,

Qu'il eft temps que les lis rampent fous la tiarre;

Qu'on erige à Paris ce fanglant tribunal,

Ce monument affreux du pouvoir monacal,

Que l'Efpagne à reçû, que l'univers abhorre,

Qui venge les autels, & qui les defhonore,

Qui tout couvert de fang, de flammes entouré

Egorge les mortels avec un fer facré.

Comme fi nous vivions dans ces temps déplorables,

Où la terre adoroit des dieux impitoyables,

Que des prêtres menteurs, encor plus inhumains,

Se vantoient d'appaifer par le fang des humains,

    Celuy cy corrompu par l'or de l'Jberie

A l'Efpagnol, qu'il hait, veut vendre fa patrie.

    Mais un party puiffant d'une commune voix,

Plaçoit dèja Maïenne au Trône de nos Rois.

Ce rang manquoit encore à fa vafte puiffance;

Et de fes vœux hardis l'orgueilleufe efperance

Dévoroit en fecret, dans le fond de fon cœur,

De ce grand nom de Roi le dangereux honneur.

    Soudain Potier fe lève, & demande audience,

Chacun à fon afpect garde un profond filence.

Parmy ce peuple lâche, & du crime infecté,
Potier fut toûjours jufte, & pourtant refpecté.
Souvent on l'avoit vû, par fa mâle éloquence,
De leurs emportements reprimer la licence.
Et confervant fur eux fa vieille autorité,
Leur montrer la juftice avec impunité
Vous deftinez, dit-il, Maïenne au rang fuprême.
Je conçois votre erreur, je l'excufe moy-même.
Maïenne a des vertus qu'on ne peut trop cherir :
Et je le choifirois, fi je pouvois choifir.
Mais nous avons nos loix : Et ce héros infigne,
S'il prétend à l'Empire, en eft dés lors indigne.

Comme il difoit ces mots, Maïenne entre foudain,
Avec tout l'appareil qui fuit un Souverain.
Potier le voit entrer, fans changer de vifage.
Oui, Prince, pourfuit-il, d'un ton plein de courage,
Je vous eftime affez pour ofer contre vous,
Vous adreffer ma voix pour la France, & pour nous.
En vain nous prétendons le droit d'élire un maître.
La France a des Bourbons, & Dieu vous a fait naître,
Près de l'augufte rang qu'ils doivent occuper,
Pour foutenir leur trône, & non pour l'ufurper.

P 2

Guife du fein des morts n'a plus rien à prétendre.
Le fang d'un Souverain doit fuffire à fa cendre.
S'il mourut par un crime, un crime l'a vengé.
Changez avec l'Etat que le ciel a changé.
Périffe avec Valois votre jufte colère.
Bourbon n'a point verfé le fang de votre frere.
Le ciel, ce jufte ciel, qui vous cherit tous deux,
Pour vous rendre ennemis, vous fit trop vertueux.
Mais j'entends le murmure, & la clameur publique.
J'entends ces noms affreux de relaps, d'hérétique.
Je vois d'un zèle faux nos prêtres emportez ;
Qui le fer à la main.... Malheureux arrêtez :
Quelle loy, quel exemple, ou plûtôt quelle rage
Peut à l'oint du Seigneur arracher votre hommage ?
Le fils de *Saint Louis* parjure à fes ferments
Vient-il de nos autels brifer les fondements ?
Aux pics de ces autels il demande à s'inftruire,
Il aime, il fuit les loix dont vous bravez l'Empire.
Il fait dans toutte Secte honorer les vertus,
Refpecter votre culte, & même vos abus.
Il laiffe au Dieu vivant, qui voit ce que nous fommes,
Le foin que vous prenez de condamner les hommes.

Comme un Roi, comme un pere, il vient vous gouverner:
Et plus chrêtien que vous, il vient vous pardonner.
Tout est libre avec luy.   Luy seul ne peut-il l'estre ?
Quel droit vous a rendus Juges de vôtre maitre ?
Infidèles pasteurs, indignes citoyens !
Que vous ressemblez mal à ces premiers chrêtiens,
Qui bravant tous ces dieux de metal ou de plâtre,
Marchoient sans murmurer sous un maitre idolâtre,
Expiroient sans se plaindre, & sur les échafauts
Sanglants, percez de coups benissoient leurs bourraux !
Eux seuls étoient chrêtiens; je n'en connois point d'autres.
Ils mouroient pour leurs Rois ; vous massacrez les vôtres:
Et Dieu, que vous peignez implacable & jaloux,
S'il aime à se venger, Barbares, c'est de vous.

    A ce hardy discours aucun n'osoit répondre.
Par des traits trop puissants ils se sentoient confondre.
Ils repoussoient en vain de leur cœur irrité
Cet effroy, qu'aux méchants donne la vérité.
Le dépit, & la crainte agitoient leurs pensées,
Quand soudain mille voix jusqu'au ciel élancées,
Font partout retentir avec un bruit confus,
Aux armes, citoyens, où nous sommes perdus.

Des nuages épais que formoit la poussiere,
Du soleil dans les champs déroboit la lumiere.
Des tambours, des clairons, le son rempli d'horreur,
De la mort qui les suit, étoit l'avant- coureur.
Tels des antres du Nord échappez sur la terre,
Précédez par les vents, & suivis du tonnerre,
D'un tourbillon de poudre obscurcissant les airs,
Le orages fougueux parcourent l'Univers.

C'étoit du grand Henri la redoutable armée.
Qui lasse du repos, & de sang affamée,
Faisoit entendre au loin ses formidables cris,
Remplissoit la campagne, & marchoit vers Paris.

Bourbon n'employoit point ces moments salutaires,
A rendre au dernier Roi les honneurs ordinaires,
A parer son tombeau de ces titres brillants,
Que reçoivent les morts de l'orgueil des vivants.
Ses mains ne chargeoient point ces rives désolées
De l'appareil pompeux de ces vains mausolées,
Par qui malgré l'injure & des temps, & du sort
La vanité des grands triomphe de la mort.

Il vouloit à Valois dans la demeure fombre,

Envoyer des tributs plus dignes de fon ombre,

Punir fes affaffins, vaincre fes ennemis,

Et rendre heureux fon peuple, aprés l'avoir foûmis.

　　Au bruit inopiné des affaults qu'il prépare,

Des Etats confternez le confeil fe fépare.

Maïenne au même inftant court au haut des remparts;

Le foldat raffemblé vole à fes étendarts.

Il infulte à grands cris le héros qui s'avance.

Tout eft prêt pour l'attaque, & tout pour la deffenfe.

　　Paris n'etoit point tel en ces temps orageux,

Qu'il paroit en nos jours aux François trop heureux.

Cent forts qu'avoient bâtis la fureur & la crainte,

Dans un moins vafte efpace enfermoient fon enceinte:

Ces fauxbourgs aujourdhuy fi pompeux, & fi grands,

Que la main de la paix tient ouverts en tout temps,

D'une immenfe cité fuperbes avenues,

Où cent palais dorez fe perdent dans les nües,

Etoient de longs hameaux d'un rempart entourez;

Par un foffé profond de Paris féparez.

Du coté du levant bien-tôt Bourbon s'avance.

Le voila qui s'approche, & la mort le devance.

Le fer avec le feu vole de toutes parts,

Des mains des affiégeans, & du haut des remparts.

Ces ramparts menaçants, leurs tours, & leurs ouvrages,

S'écroulent fous les traits de ces brulants orages.

On voit les bataillons rompus & renverfez,

Et loin d'eux dans les champs leurs membres difperfez.

Ce que le fer atteint tombe réduit en poudre,

Et chacun des partis combat avec la foudre.

Jadis avec moins d'art, au milieu des combats,

Les malheureux mortels avançoient leur trépas;

Avec moins d'appareil ils voloient au carnage,

Et le fer dans leurs mains fuffifoit à leur rage.

De leurs cruels enfans l'éffort induftrieux

A dérobé le feu qui brule dans les cieux.

On entendoit gronder ces bombes effroyables

Des troubles de la Flandre enfans abominables.

Le falpètre enfoncé dans ces globes d'airain,

Part, s'échauffe, s'embraze, & s'écarte foudain.

La mort en mille éclats en fort avec furie.

Avec plus d'art encor, & plus de barbarie,

Dans des antres profonds on a fçù renfermer

Des foudres fouterrains tout prets à s'allumer.

Sous un chemin trompeur, où volant au carnage,

Le foldat valeureux fe fie à fon courage.

On voit en un inftant des abîmes ouverts ;

Des noirs torrents de foufre épandus dans les airs;

Des bataillons entiers, par ce nouveau tonnerre

Dans les airs emportez, engloutis fous la terre.

Ce font là les dangers où Bourbon va s'offrir ;

C'eft par là qu'à fon trône il brûle de courir.

Ses guerriers avec lui dédaignent ces tempêtes:

L'enfer eft fous leurs pas, la foudre eft fur leurs têtes.

Mais la gloire à leurs yeux vôle à coté du Roi ;

Ils ne regardent qu'elle, & marchent fans effroy.

Mornay parmi les flots de ce torrent rapide,

S'avance d'un pas grave, & non moins intrépide.

Incapable à la fois de crainte, & de fureur,

Sourd au bruit des canons, calme au fein de l'horreur,

Avec un oeil ftoïque il regarde la guerre,

Comme un fleau du Ciel, affreux, mais néçeffaire.

Il marche en Philofophe où l'honneur le conduit,

Condamne les combats, plaint fon Maitre, & le fuit.

    Ils defcendent enfin dans ce chemin terrible,

Qu'un glacis teint de fang rendoit inacceffible.

Q

C'eft là que le danger ranime leurs efforts ;

Ils comblent les foffés de fafcine, & de morts.

Sur ces corps tout fanglants ils marchent, ils s'avancent,

D'un cours précipité fur la brèche ils s'élancent.

Armé d'un fer fanglant, couvert d'un bouclier,

Henri vole à leur tête, & monte le premier.

Il monte : Il a dèja de fes mains triomphantes,

Arboré de fes lis les enfeignes flottantes.

Les ligueurs devant lui demeurent pleins d'éffroy :

Ils fembloient refpecter leur vainqueur, & leur Roi.

Ils cédoient ; mais Maïenne à l'inftant les ranime.

Il leur montre l'exemple, il les rappelle au crime ;

Leurs bataillons ferrés preffent de toutes parts

Ce Roi, dont ils n'ofoient foûtenir les regards.

Sur le mur avec eux la difcorde cruelle,

Se baigne dans le fang que l'on verfe pour elle.

Le foldat à fon gré fur ce funefte mur,

Combattant de plus près, porte un trépas plus fur.

   Alors on n'entend plus ces foudres de la guerre,

Dont les bouches de bronze épouvantoient la terre.

Un farouche filence, enfant de la fureur,

A ces bruïants éclats fuccède avec horreur.

D'un bras déterminé, d'un œil brulant de rage,
Parmi ſes énnemis chacun s'ouvre un paſſage.
On ſaiſit, on reprend, par un contraire effort,
Ce rempart teint de ſang, théatre de la mort.
Dans ſes fatales mains la victoire incertaine
Tient encor près des lis l'étendart de Lorraine.
Les aſſiégeans ſurpris ſont par tout renverſez :
Cent fois victorieux, & cent fois terraſſez.
Pareils à l'océan pouſſé par les orages,
Qui couvre à châque inſtant, & qui fuit ſes rivages.

  Jamais le Roi, jamais ſon illuſtre rival
N'avoient été ſi grands, qu'en cet aſſaut fatal.
Chacun d'eux, au milieu du ſang & du carnage,
Maitre de ſon eſprit, maitre de ſon courage,
Diſpoſe, ordonne, agit, voit tout en même temps,
Et conduit d'un coup d'œil ces affreux mouvements.

  Cependant des Anglois la formidable élite,
Par le vaillant Eſſex à cet aſſaut conduite,
Marchoit ſous nos drapeâux pour la premiere fois ;
Et ſembloit s'étonner de ſervir ſous nos rois.
Ils viennent ſoûtenir l'honneur de leur patrie,
Orgueilleux de combattre, & de donner leur vie,

Sur ces mêmes remparts, & dans ces mêmes lieux,
Où la Seine autrefois vit régner leurs ayeux.
Effex monte à la brèche, où combattoit Daumale :
Tous deux jeunes, brillants, pleins d'une ardeur égale.
Tels qu'aux remparts de Troye on peint les demi-dieux.
Leurs amis tout fanglants font en foule autour d'eux ;
François, Anglois, Lorrains, que la fureur affemble,
Avançoient, combattoient, frapoient, mouroient enfemble.
   Ange qui conduifiez leur fureur & leur bras,
Ange exterminateur, ame de ces combats,
De quel héros enfin prites vous la quérelle ?
Pour qui pencha des cieux la balance éternelle ?
Long-temps Bourbon, Maïenne, Effex, & fon rival,
Affiégeans, affiégés, font un carnage égal.
Le party le plus jufte eut enfin l'avantage.
Enfin Bourbon l'emporte, il fe fait un paffage.
Les Ligueurs fatigués ne luy réfiftent plus :
Ils quittent les remparts, ils tombent éperdus.
Comme on voit un torrent du haut des Pirénées,
Menacer des vallons les nimphes confternées ;
Cent digues qu'on oppofe à fes flots orageux,
Soûtiennent quelque temps fon choc impétueux.

Mais bientôt renverſant ſa barriere impuiſſante,
Il porte au loin le bruit, la mort, & l'épouvante ;
Déracine en paſſant ces chênes orgueilleux,
Qui bravoient les hivers, & qui touchoient les cieux.
Détache les rochers du penchant des montagnes,
Et pourſuit les troupeaux fuïant dans les campagnes.
Tel Bourbon deſcendoit à pas précipités
Du haut des murs fumants, qu'il avoit emportez.
Tel d'un bras foudroyant fondant ſur les rebelles,
Il moiſſone en courant leurs troupes criminelles.
Les ſeize avec effroy fuyoient ce bras vengeur,
Egarez, confondus, diſperſez par la peur.
Maïenne ordonne enfin, que l'on ouvre les portes :
Il rentre dans Paris ſuivi de ſes cohortes.
Les vainqueurs furieux, les flambeaux à la main,
Dans les fauxbourgs ſanglants ſe répandent ſoudain.
Du ſoldat effrené la valeur tourne en rage ;
Il livre tout au fer, aux flammes, au pillage.
Henry ne les voit point ; ſon vol impétueux
Pourſuivoit l'énnemi fuyant devant ſes yeux.
Sa victoire l'enflamme, & ſa valeur l'emporte.
Il franchit les fauxbourgs, il s'avance à la porte.

Venez, volez, montez fur ces murs orgueilleux,
Compagnons, apportez & le fer & les feux.
  Comme il parloit ainfi, du profond d'une nuë
Un fantôme éclatant fe préfente à la vûë.
Son corps majeftueux maitre des éléments,
Defcendoit vers Bourbon fur les aîles des vents.
De la divinité les vives étincelles
Etaloient fur fon front des beautez immortelles :
Ses yeux fembloient remplis de tendreffe & d'horreur.
Arrête, cria-t-il, trop malheureux vainqueur ;
Tu vas abandonner aux flammes, au pillage,
De cent Rois tes ayeux l'immortel héritage ;
Ravager ton pays, mes temples, tes tréfors,
Egorger tes fujets, & régner fur des morts.
Arrête... à ces accents plus forts que le tonnerre,
Le foldat s'épouvante, il embraffe la terre,
Il quitte le pillage ; Henri plein de l'ardeur,
Que le combat encor enflammoit dans fon cœur,
Semblable à l'Océan qui s'appaife, & qui gronde ;
O fatal habitant de l'invifible monde !
Répond-il ; quel deffein te tranfporte en ces lieux ?
Sors-tu du noir abime ? ou defcends-tu des cieux ?

Que viens-tu m'annoncer ? Que doi-je faire encore ?
Faut-il que je t'encenfe, ou bien que je t'abhorre ?
Es-tu mon mauvais ange, es-tu mon deffenfeur ?
Alors il entendit ces mots pleins de douceur.
Tu vois cet heureux Roi que la France revère,
Le pere des Bourbons, ton protecteur, ton pere :
Ce Louis qui jadis combattit comme toi ;
Ce Louis dont ton cœur a negligé la foi ;
Ce Louis qui te plaint, qui t'admire, & qui t'aime.
Dieu fur ton trône un jour te conduira luy même.
Dans Paris, ô mon fils, tu rentreras vainqueur,
Pour prix de ta clémence, & non de ta valeur.
C'eft Dieu qui t'en inftruit, & c'eft Dieu qui m'envoye.
Le héros à ces mots verfe des pleurs de joye.
La paix a dans fon cœur étouffé fon courroux.
Il s'écrie, il foupire, il adore à genoux.
D'une divine horreur fon ame eft pénétrée.
Trois fois il tend les bras à cette ombre facrée ;
Trois fois fon pere échappe à fes embraffements,
Tel qu'un leger nuage écarté par les vents.

Cependant la nuit vient, le héros dans la plaine
Suit Louis qui s'envole aux chênes de Vincennes.

Vincennes, lieux facrez où Louis autrefois,
Aux pieds d'un chêne affis diétoit fes juftes loix,
Que vous êtes changez, féjour jadis aimable!
Vincennes! tu n'es plus qu'un dongeon déteftable,
Qu'une prifon d'état, qu'un lieu de defefpoir;
Où tombent fi fouvent du faîte du pouvoir,
Ces Miniftres, ces Grands qui tonnent fur nos têtes,
Qui vivent à la Cour au milieu des tempêtes.
Oppreffeurs, opprimez, fiers, humbles, tour à tour,
Tantôt l'horreur du peuple, & tantôt leur amour.

LA
HENRIADE.

CHANT SEPTIEME.

Du Dieu qui nous créa la clémence infinie,
  Pour adoucir les maux de cette courte vie ;
A placé parmi nous deux êtres bien-faifants :
De la terre à jamais aimables habitans.
L'un d'eux eft le fommeil, & l'autre eft l'efpérance,
Doux tréfors qu'on pofféde au fein de l'indigence.

R

L'un dans un profond calme endort nos déplaifirs;
L'autre anime nos cœurs, & foutient nos défirs.
Louis près de Henry tous les deux les appelle.
Approchez vers mon fils, venez couple fidèle.
Le fommeil l'entendit de fes antres fecrets.
Il marche mollement vers ces ombrages frais.
Les vents à fon afpect s'arrêtent en filence;
Les fonges fortunés conduits par l'efpérance,
Voltigent vers le Prince, & couvrent ce héros
D'olive & de lauriers mêlez à leurs pavots.
Louis en ce moment prenant fon diadème,
Sur le front du Vainqueur il le pofa luy même.
Règne, dit-il, triomphe, & fois en tout mon fils:
Tout l'efpoir de ma race en toy feul eft remis.
Mais le trône, ô Bourbon, ne doit point te fuffire.
Des préfents de Louis le moindre eft fon Empire.
C'eft peu d'être un héros, un conquérant, un Roy;
Si le ciel ne t'éclaire il n'a rien fait pour toy.
Tous ces honneurs mondains ne font qu'un bien ftérile,
Des humaines vertus recompenfe fragile,
Un dangereux éclat qui paffe, & qui s'enfuit,
Que le trouble accompagne, & que la mort détruit.

Je vais te découvrir un plus durable Empire,
Pour te recompenfer, bien moins que pour t'inftruire.
Viens, obéi, fui moi, par de nouveaux chemins.
Vole au fein de Dieu même, & rempli tes deftins.
L'un & l'autre à ces mots dans un char de lumiere,
Des cieux en un moment traverfent la carriere.
Tels on voit dans la nuit la foudre, & les éclairs,
Courir d'un pole à l'autre, & divifer les airs.
Et telle s'éleva cette nuë embrafée,
Qui dérobant aux yeux le maître d'Elifée
Dans un célefte char de flamme environné
L'emporta loin des bords du Jourdain étonné.

Parmi ces tourbillons, que d'une main féconde
Difpofa l'Eternel aux premiers jours du monde,
Eft un globe élevé dans le faîte des cieux,
Dont l'éclat fe dérobe à nos profanes yeux.
C'eft là que le très Haut forme à fa reffemblance
Ces efprits immortels, enfants de fon effence,
Qui foudain répandus dans les mondes divers ;
Vont animer les corps, & peupler l'univers.

R 2

Là font après la mort nos ames replongées,

De leur prifon groffiere à jamais dégagées.

Quand le Dieu qui les fit les rappelle en fon fein,

D'une courfe rapide elles volent foudain.

Comme au fond des forets les feüilles incertaines,

Avec un bruit confus tombent du haut des chênes,

Lorfque les aquilons meffagers des hivers,

Ramènent la froidure, & fifflent dans les airs.

Ainfi la mort entraine en ces lieux redoutables

Des mortels paffagers les troupes innombrables.

Un juge incorruptible, avec d'égales loix,

Y raffemble à fes pieds les peuples, & les Rois.

C'eft cet être infini qu'on fert, & qu'on ignore.

Sous cent noms differents le monde entier l'adore.

Du haut de l'empirée, il entend nos clameurs;

Il regarde en pitié ce long amas d'erreurs;

Ces portraits infenfés, que l'humaine ignorance

Fait fi pieufement de fa fageffe immenfe.

La mort eft à fes pieds; elle amène à la fois

Le Turc, & l'Indien, le Juif, & le Chinois.

Le Dervis étonné, d'une vûë inquiète,

A la droite de Dieu cherche en vain fon prophète.

Le bonze avec des yeux sombres & pénitents
Y vient vanter en vain ses vœux & ses tourments.
Leurs tourments & leurs vœux, leur foy, leur ignorance,
Comme sans châtiment, restent sans recompense.
Dieu ne les punit point d'avoir fermé leurs yeux
Aux clartés que luy même il plaça si loin d'eux.
Il ne les juge point, tel qu'un injuste Maitre,
Sur les chrêtiennes loix qu'ils n'ont point pû connoitre,
Sur le zèle emporté de leurs saintes fureurs ;
Mais sur la simple loy qui parle à tous les cœurs.
La nature icy bas, sa fille, & nôtre mere,
Nous instruit en son nom, nous guide, nous éclaire ;
De l'instinct des vertus elle aime à nous remplir ;
Et dans nos premiers ans nous enseigne à rougir.
Mais pure en nôtre enfance, & par l'âge alterée,
Elle pleure ses fils dont elle est ignorée ;
Elle pleure ; & ses cris que nous n'entendons pas,
S'élévent contre nous dans le jour du trépas.

Mais d'où partent, grand Dieu, ces cris épouvantables,
Ces torrents de fumée & ces feux effroyables !
Quels monstres, dit Bourbon, volent dans ces climats?
Quels gouffres enflammez s'entrouvrent sous mes pas ?

O mon fils, vous voiez les portes de l'abime,
Creufé par la juſtice, habité par le crime.
Suivez moy, les chemins en ſont toûjours ouverts.
Ils marchent auſſitôt aux portes des enfers.

Là git la ſombre Envie, à l'œil timide & louche,
Verſant ſur des lauriers les poiſons de ſa bouche.
Le jour bleſſe ſes yeux dans l'ombre étincelants.
Triſte amante des morts, elle hait les vivants.
Elle aperçoit Henry, ſe détourne, & ſoupire.
Auprès d'elle eſt l'Orgueil qui ſe plait, & s'admire.
La foibleſſe au teint pâle, aux regards abbattus,
Tiran qui cède au crime, & détruit les vertus.
L'ambition ſanglante, inquiète, égarée.
De trônes, de tombeaux, d'eſclaves entourée.
La tendre hipocriſie aux yeux pleins de douceur,
(Le ciel eſt dans ſes yeux, l'enfer eſt dans ſon cœur.)
Le faux zèle étalant ſes barbares maximes,
Et l'intereſt enfin pere de tous les crimes.
Des mortels corrompus ces tirans effrenez,
A l'aſpect de Henri paroiſſent conſternez.
Ils ne l'ont jamais vû ; jamais leur troupe impie
N'approcha de ſon ame à la vertu nourrie.

Quel mortel, difoient-ils, par ce jufte conduit,
Vient nous perfécuter dans l'éternelle nuit ?
  Le héros au milieu de ces efprits immondes
S'avançoit à pas lents fous ces voutes profondes.
Louis guidoit fes pas ; ciel ! Qu'eft ce que je voi ?
L'affaffin de Valois ! Ce monftre devant moy ?
Mon pere ! Il tient encor ce couteau parricide,
Dont le confeil des feize arma fa main perfide.
Tandis que dans Paris tous ces prêtres cruels
Ofent de fon portrait foüiller les faints autels,
Que la Ligue l'invoque, & que Rome le loue ;
Icy dans les tourments l'enfer les defavoue.
  Mon fils, reprit Louis, de plus févères loix
Pourfuivent en ces lieux les Princes & les Rois.
Regardez ces tirans adorez dans leur vie :
Plus ils étoient puiffants, plus Dieu les humilie.
Il punit les forfaits que leurs mains ont commis,
Ceux qu'ils n'ont point vengez, & ceux qu'ils ont permis.
La mort leur a ravi leurs grandeurs paffageres,
Ce fafte, ces plaifirs, ces flateurs mercenaires,
De qui la complaifance avec dexterité,
A leurs yeux éblouïs cachoit la vérité.

La vérité terrible icy fait leurs fupplices :
Elle eft devant leurs yeux, elle éclaire leurs vices.
Voiez, comme à fa voix tremblent ces conquerants,
Heros aux yeux du Peuple, aux yeux de Dieu tirans.
Fléaux du monde entier, que leur fureur embrafe,
La foudre qu'ils portoient à leur tour les écrafe.
Auprès d'eux font couchez tous ces Rois fainéants,
Sur un trône avili fantômes impuiffants.
Henri voit près des Rois leurs infolents miniftres :
Il remarque fur-tout ces confeillers finiftres,
Qui des mœurs & des loix avares corrupteurs,
De Thémis & de Mars ont vendu les honneurs ;
Qui mirent les premiers à d'indignes encheres
L'ineftimable prix des vertus de nos peres.

Il eft, il eft auffi dans ce lieu de douleurs,
Des cœurs qui n'ont aimé que leurs douces erreurs.
Des foules de mortels noiez dans la molleffe,
Qu'entraina le plaifir, qu'endormit la pareffe.
Le genereux Henry ne put cacher fes pleurs.
Ah ! s'il eft vrai, dit-il, qu'en ce féjour d'horreurs,
La race des humains foit en foule engloutie,
Si les jours paffagers d'une fi courte vie,

D'un éternel tourment font fuivis fans retour,
Ne vaudroit-il pas mieux ne voir jamais le jour ?
Heureux s'ils expiroient dans le fein de leur mere ;
Ou fi ce Dieu du moins, ce grand Dieu fi févere,
A l'homme, hélas trop libre, avoit daigné ravir
Le pouvoir malheureux de lui defobéir !

Ne crois point, dit Louis, que ces triftes victimes
Souffrent des chatiments qui furpaffent leurs crimes ;
Ni que ce jufte Dieu, créateur des humains,
Se plaife à déchirer l'ouvrage de fes mains.
Non s'il eft infini, c'eft dans fes recompenfes.
Prodigue de fes dons, il borne fes vengeances.
Sur la terre on le peint le premier des tirans ;
Mais icy c'eft un pere ; il punit fes enfans.
Il adoucit les traits de fa main vengereffe.
Il ne fait point punir des moments de foibleffe,
Des plaifirs menfongers, pleins de trouble & d'ennuy,
Par des tourments affreux, éternels comme luy.

Cependant à grands pas l'un & l'autre s'avance,
Vers ces lieux fortunés qu'habite l'innocence.
Ce n'eft plus des enfers l'affreufe obfcurité ;
C'eft du jour le plus pur l'immortelle clarté.

S

Henry voit ces beaux lieux, & foudain à leur vûe,
Sent coûler dans fon ame une joïe inconnûe ;
Les foins, les paffions n'y troublent point les cœurs,
La volupté tranquile y répand fes douceurs.
Amour, en ces climats tout reffent ton Empire,
Ce n'eft point cet amour que la moleffe infpire ;
C'eft ce flambeau divin, ce feu faint & facré,
Ce pur enfant des Cieux fur la terre ignoré.
De lui feul à jamais tous les cœurs fe rempliffent,
Ils defirent fans ceffe & fans ceffe joüiffent,
Et goûtent dans les feux d'une éternelle ardeur,
Des plaifirs fans regrets, du repos fans langueur.

   Là règnent les bons Rois qu'ont produit tous les âges,
Là font les vrais héros, là vivent les vrais fages ;
Là fur un trône d'or, Charlemagne & Clovis
Veillent du haut des Cieux fur l'Empire des Lis.
Les plus grands ennemis, les plus fiers adverfaires,
Réünis dans ces lieux, n'y font plus que des freres.
Le fage Louis douze, au milieu de ces Rois,
S'éléve comme un cèdre & leur donne des loix.
Ce Roi qu'à nos ayeux donna le Ciel propice,
Sur fon trône avec lui fit affeoir la juftice ;

Il pardonna fouvent, il règna fur les cœurs,
Et des yeux de fon peuple il effuïa les pleurs.
D'Amboife eft à fes pieds, ce Miniftre fidèle,
Qui feul aima la France, & fut feul aimé d'elle,
Favori fans orgueil, & qui dans ce haut rang
Ne foüilla point fes mains de rapine & de fang.
O jours ! ô mœurs ! ô tems d'éternelle mémoire !
Le peuple étoit heureux, le Roi couvert de gloire.
De fes aimables loix chacun goûtoit les fruits ;
Revenez heureux tems fous un autre Louis.

Plus loin font ces guerriers prodigues de leur vie,
Qu'enflamma leur devoir, & non pas leur furie,
La Trimouille, Cliffon, Montmorency, de Foix,
Guefclin, le deftructeur, & le vengeur des Rois ;
Le vertueux Bayard, & vous, brave amazone,
La honte des anglois, & le foutien du Trône.

Ces héros, dit Louis, que tu vois dans les cieux,
Comme toi de la terre ont éblöui les yeux.
La vertu, comme à toy, mon fils, leur étoit chere.
Mais enfans de l'Eglife ils ont chéri leur mere :
Leur cœur fimple, & docile aimoit la vérité
Leur culte étoit le mien ; pourquoy l'as tu quitté ?

S 2

Comme il difoit ces mots d'une voix gémiffante,
Le palais des deftins devant lui fe préfente.
Il fait marcher fon fils vers fes facrés remparts,
Et cent portes d'airain s'ouvrent à fes regards.
Le temps d'une aile prompte, & d'un vol infenfible,
Fuit ; & revient fans ceffe à ce palais terrible.
Et de là fur la terre il verfe à pleines mains
Et les biens, & les maux deftinez aux humains.
Sur un autel de fer un livre inexplicable,
Contient de l'avenir l'hiftoire irrévocable.
La main de l'Eternel y marqua nos defirs,
Et nos chagrins cruels, & nos foibles plaifirs.
On voit la liberté, cette efclave fi fiere,
Par d'invifibles nœuds en ces lieux prifonniere.
Sous un joug inconnu, que rien ne peut brifer,
Dieu fait l'affujettir fans la tirannifer,
A fes fuprêmes loix d'autant mieux attachée
Que fa chaîne à fes yeux pour jamais eft cachée ;
Qu'en obéiffant même elle agit par fon choix,
Et fouvent aux deftins penfe donner des loix.
Mon cher fils, dit Louis, c'eft de-là que la grace
Fait fentir aux humains fa faveur éfficace

C'eſt de ces lieux ſacrés, qu'un jour ſon trait vainqueur
Doit partir, doit bruler, doit embrazer ton cœur.
Tu ne peux differer, ni hâter, ni connoître
Ces moments prétieux dont Dieu ſeul eſt le maitre.
Mais qu'ils ſont encor loin ces temps, ces heureux temps
Où Dieu doit te compter au rang de ſes enfants !
Que tu dois eprouver de foibleſſes honteuſes !
Et que tu marcheras dans des routes trompeuſes !
Retranches, ô mon Dieu, des jours de ce grand Roi,
Ces jours infortunés qui l'éloignent de toy.

Mais dans ces vaſtes lieux quelle foule s'empreſſe ?
Elle entre à tout moment & s'écoule ſans ceſſe ;
Vous voyez, dit Louis, dans ce ſacré ſéjour,
Les portraits des humains qui doivent naitre un jour.
Des ſiècles à venir ces vivantes images,
Raſſemblent tous les lieux, dévancent tous les âges.
Tous les jours des humains comptez avant les tems,
Aux yeux de l'Eternel à jamais ſont préſens.
Le deſtin marque ici l'inſtant de leur naiſſance,
L'abaiſſement des uns, des autres la puiſſance,
Les divers changemens attachez à leur ſort,
Leurs vices, leurs vertus, leur fortune & leur mort.

Approchons nous, le Ciel te permet de connoitre
Les Rois & les héros qui de toi doivent naitre.
Le premier qui paroit c'eſt ton auguſte fils,
Il ſoûtiendra long-tems la gloire de nos Lis,
Triomphateur heureux du Belge & de l'Ibere,
Mais il n'égalera ni ſon fils, ni ſon pere.
 Henry dans ce moment voit ſur des fleurs de Lis,
Deux mortels orgueïlleux auprès du Tròne aſſis.
Ils tiennent ſous leurs pieds tout un peuple à la chaîne,
Tous deux ſont revêtus de la pourpre romaine,
Tous deux ſont entourez de gardes, de ſoldats ;
Il les prend pour des Rois... vous ne vous trompez pas,
Ils le ſont, dis Louis, ſans en avoir le titre ;
Du Prince & de l'Etat l'un & l'autre eſt l'arbitre,
Richelieu, Mazarin, Miniſtres immortels,
Juſqu'au Tròne élevez de l'ombre des autels ;
Enfans de la fortune & de la politique,
Marcheront à grands pas au pouvoir deſpotique;
Richelieu grand, ſublime, implacable ennemi ;
Mazarin ſouple, adroit & dangereux ami :
L'un fuïant avec art & cédant à l'orage ;
L'autre aux flots irritez oppoſant ſon courage,

Des Princes de mon sang ennemis déclarez,
Tous deux haïs du peuple & tous deux admirez ;
Enfin par leurs efforts, ou par leur industrie,
Utiles à leurs Rois, cruels à la patrie.
Ciel ! quel pompeux amas d'esclaves à genoux
Est aux pieds de ce *Roi qui les fait trembler tous ?
Quels honneurs, quels respects ! jamais Roi dans la France,
N'accoutuma son peuple à tant d'obéïssance.
Je le vois comme vous par la gloire animé,
Mieux obéï, plus craint, peut-être moins aimé ;
Je le vois éprouvant des fortunes diverses,
Trop fier dans ses succès, mais ferme en ses traverses ;
De cent peuples liguez bravant seul tout l'effort,
Admirable en sa vie, & plus grand dans sa mort.
Siécle heureux de Louis, siécle que la nature
De ses plus beaux présens doit combler sans mesure ;
C'est toi qui dans la France amenes les beaux arts,
Sur toi tout l'avenir va porter ses regards ;
Les Muses à jamais y fixent leur empire,
Là le marbre est vivant, & la toile respire.

* Louis XIV.

Ici de mille esprits les efforts curieux,
Mesurent l'univers & lisent dans les cieux,
Descartes répandant sa lumiere féconde,
Franchit d'un vol hardi les limites du monde.
J'entends de tous côtés ce langage enchanteur,
Si flâteur à l'oreille & doux tiran du cœur.
François vous savez vaincre, & chanter vos conquêtes,
Il n'est point de lauriers qui ne couvre vos têtes ;
Un peuple de héros va naître en ces climats,
Je vois tous les Bourbons voler dans les combats.
A travers mille feux je vois Condé paroître,
Tour à tour la terreur & l'appui de son maître ;
Turenne de Condé le génereux rival,
Moins brillant, mais plus sage, & du moins son égal.
    Catinat réunit, par un rare assemblage,
Les talens du guerrier & les vertus du sage :
Vauban sur un rempart, un compas à la main,
Rit du bruit impuissant de cent foudres d'airain ;
Malheureux à la Cour, invincible à la guerre,
Luxembourg de son nom remplit toute la terre.
    Regardez dans Denain l'audacieux Villars,
Disputant le tonnerre à l'aigle des Césars,

Arbitre de la paix que la victoire amene,
Digne appui de son Roi, digne rival d'Eugene.
* Quel est ce jeune Prince, en qui la majesté,
Sur son visage aimable éclate sans fierté ?
D'un œil d'indifference il regarde le Trône..
Ciel ! Quelle nuit soudaine à mes yeux l'environne ?
La mort autour de lui vole sans s'arrêter,
Il tombe aux pieds du trône étant prêt d'y monter.
O ! mon fils, des François, vous voyez le plus juste.
Les Cieux le formeront de votre sang auguste.
Grand Dieu ! Ne faites-vous que montrer aux humains
Cette fleur passagere, ouvrage de vos mains ?
Hélas ! Que n'eût point fait cette ame vertueuse ?
La France sous son régne eût été trop heureuse ?
Il eût entretenu l'abondance & la paix :
Mon fils, il eût compté ses jours par ses bien-faits,
Il eût aimé son peuple.   O jours remplis d'allarmes !
O combien les François vont répandre de larmes !
Quand sous la même tombe ils verront réünis
Et l'époux & la femme, & la mere & le fils.

* Feu Mr. le Duc de Bourgogne.

T

Un foible rejetton fort entre les ruines,

De cet arbre fécond coupé dans fes racines.

Les enfans de Louis defcendus au tombeau,

Ont laiffé dans la France un Monarque au berceau ;

De l'Etat ébranlé douce & frêle efperance.

O toi prudent Fleury, veille fur fon enfance,

Conduits fes premiers pas, cultive fous tes yeux

Du plus pur de mon fang le depôt précieux.

Tout Souverain qu'il eft, inftruis le à fe connoitre.

Qu'il fache qu'il eft homme, en voyant qu'il eft maître,

Qu'aimé de fes fujets, ils foient chers à fes yeux.

Apprends lui qu'il n'eft Roi, qu'il n'eft né que pour eux.

France reprends fous lui ta majefté premiere.

Percé la trifte nuit qui couvroit ta lumiere.

Que les arts, qui dèja fembloient t'abandonner,

De leurs utiles mains viennent te couronner.

L'ocean fe demande en fes grottes profondes,

Où font tes pavillons qui flottoient fur fes ondes ?

Du Nil & de l'Euxin, de l'Inde & de fes ports,

Le commerce t'appelle, & t'ouvre fes tréfors.

Maintiens l'ordre, & la paix, fans chercher la victoire.

Sois l'arbitre des Rois ; c'eft affez pour ta gloire :

Il t'en a trop coûté d'en être la terreur.

Près de ce jeune Roi s'avance avec fplendeur
Un Héros que de loin pourfuit la calomnie,
Facile, & non pas foible, ardent, plein d'induftrie,
Trop ami des plaifirs, & trop des nouveautés;
Remüant l'Univers du fein des voluptés;
D'Orleans eft fon nom: fa politique habile
Tient l'Europe en fufpens, divifée, & tranquile.
Les arts font éclairez par fes yeux vigilants.
Né pour tous les emplois, il a tous les talents;
Malheureux toute-fois dans le cours de fa vie,
D'avoir receu du Ciel un fi vafte génie.

Alors dans un orage, au milieu des éclairs,
L'etendart de la France apparut dans les airs.
Devant lui, d'Efpagnols une troupe guerriere
De l'aigle des Germains brifoit la tête altiere.
O mon pere, quel eft ce fpectacle nouveau?
Tout change, dit Louis, & tout a fon tombeau:
Adorons du Très-haut la fageffe cachée,
Du puiffant Charles quint la race eft retranchée.

L'Efpagne à nos genoux vient demander des Rois ;
C'eft un de nos neveux qui leur donne des loix.
Philippe... à cet objet Henri demeure en proye
A la douce furprife, aux tranfports de fa joye.
Moderez, dit Louis, ce premier mouvement ;
Craignez encor, craignez ce grand événement.
Ouy du fein de Paris, Madrid reçoit un Maître !
Cet honneur à tout-deux eft dangereux peut-être.
O Rois nés de mon fang, ô Philippe, ô mes fils,
France, Efpagne, à jamais puiffiez vous être unis !
Jufqu'à-quand voulez vous, malheureux politiques
Allumer les flambeaux des difcordes publiques ?

   Il dit. En ce moment le Héros ne vit plus,
Qu'un affemblage vain de mille objets confus :
Du Temple des deftins les portes fe fermerent,
Et les voutes des Cieux devant lui s'éclipferent.

   L'aurore cependant au vifage vermeil,
Ouvroit dans l'Orient le Palais du Soleil :
La nuit en d'autres lieux portoit fes voiles fombres,
Les fonges voltigeans fuïoient avec les ombres.

Le Prince en s'éveillant fent au fond de fon cœur,
Une force nouvelle, une divine ardeur :
Ses regards infpiroient le refpect & la crainte,
Dieu rempliffoit fon front de fa Majefté fainte ;
Ainfi quand le vengeur des peuples d'Ifrael,
Eut fur le mont Sina confulté l'Eternel ;
Les Hébreux à fes pieds couchez dans la poufiere,
Ne purent de fes yeux foûtenir la lumiere.

LA
HENRIADE.

CHANT HUITIEME.

DES Etats dans Paris la confuse assemblée
     Avoit perdu l'orgueuil dont elle étoit enflée.
Au seul nom de Henri les Ligueurs pleins d'éffroy,
Sembloient tous oublier qu'ils vouloient faire un Roy.
Rien ne pouvoit fixer leur fureur incertaine :
Et n'osant dégrader, ny couronner Mayenne,

Ils avoient confirmé, par leurs décrets honteux,
Le pouvoir & le rang, qu'il ne tenoit pas d'eux.

Ce Lieutenant fans Chef, ce Roi fans diadème,
Toûjours dans fon parti garde un pouvoir fuprême.
Un peuple obéiffant, dont il fe dit l'appuy,
Luy promet de combattre, & de mourir pour luy.
Plein d'un nouvel efpoir, au confeil il appelle
Tous ces Chefs orgueilleux, vengeurs de fa quérelle ;
Les Lorrains, les Nemours, la Chattre, Canillac,
Et l'inconftant Joyeufe, & St. Paul, & Briffac :
Ils viennent.   La fierté, la vengeance, la rage,
Le defefpoir, l'orgueuil, font peints fur leur vifage.
Quelques-uns en tremblant fembloient porter leurs pas,
Affoiblis par leur fang verfé dans les combats :
Mais ces mêmes combats, leur fang, & leurs bleffures,
Les excitoient encore à vanger leurs injures.
Tous auprès de Mayenne ils viennent fe ranger.
Tous, le fer dans les mains, jurent de le vanger.
Telle au haut de l'Olimpe, aux champs de Theffalie,
Des enfans de la terre on peint la troupe impie,
Entaffant des rochers, & menaçant les Cieux,
Yvres du fol efpoir de détrôner les Dieux.

La Difcorde à l'inftant entr'ouvrant une nûë,
Sur un char lumineux fe préfente à leur vûë.
Courage, leur dit-elle, on vient vous fécourir;
François, c'eft maintenant qu'il faut vaincre, ou mourir.
D'Aumale le premier fe lève à ces paroles,
Il court, il voit de loin les lances efpagnoles.
Le voilà, cria-t-il, le voilà ce fecours,
Demandé fi long-temps, & differé toujours:
Amis enfin l'Efpagne a fecouru la France,
Il dit. Mayenne alors vers les portes s'avance.
Le fecours paroiffoit vers ces lieux reverés,
Qu'aux tombes de nos Rois la mort a confacrés.
Ce formidable amas d'armes étincelantes,
Cet or, ce fer brillant, ces lances éclatantes,
Ces cafques, ces harnois, ce pompeux appareil,
Défioient dans les champs les rayons du foleil.
Tout le peuple au devant court en foule avec joye.
Ils béniffent le chef que Madrid leur envoye.
C'étoit le jeune Egmont, ce guerrier obftiné,
Ce fils ambitieux d'un pere infortuné;
Dans les murs de Bruxelle il a reçu la vie.
Son pere qu'aveugla l'amour de la patrie,

U

Mourut fur l'échafaut, pour foutenir les droits
Des malheureux Flamans opprimez par leurs Rois.
Le fils courtifan lache, & guerrier témeraire,
Baifa long-temps la main qui fit perir fon pere,
Servit par politique aux maux de fon pays,
Perfécuta Bruxelle, & fecourut Paris.
Philippe l'envoyoit fur les bords de la Seine,
Comme un Dieu tutelaire au fecours de Mayenne;
Et Mayenne avec lui crut aux tentes du Roy,
Rapporter à fon tour le carnage & l'effroy.
Le témeraire orgueuil accompagnoit leur trace.
Qu'avec plaifir, grand Roi, tu voyois cette audace!
Et que tes vœux hâtoient le moment d'un combat,
Où fembloient attachez les deftins de l'Etat!

Près de bords de l'Itton, & des rives de l'Eure.
Eft un champ fortuné, l'amour de la nature,
La guerre avoit long-temps refpecté les tréfors
Dont Flore & les Zéphirs embéliffoient ces bords.
Les bergers de ces lieux couloient des jours tranquiles,
Au milieu des horreurs des difcordes civiles.

Protégez par le Ciel, & par leur pauvreté,
Ils fembloient des foldats braver l'avidité.
Et fous leurs toits de chaume, à l'abry des allarmes,
N'entendoient point le bruit des tambours & des armes.
Les deux camps ennemis arrivent en ces lieux.
La défolation par-tout marche avant eux ;
De l'Eure & de l'Itton les ondes s'allarmerent,
Les bergers pleins d'éffroy dans les bois fe cacherent.
Et leurs triftes moitiés, compagnes de leurs pas,
Emportent leurs enfans, gémiffants dans leurs bras.

Habitans malheureux de ces bords pleins de charmes,
Du moins à votre Roi n'imputez point vos larmes ;
S'il cherche les combats, c'eft pour donner la paix.
Peuples, fa main fur vous répandra fes bienfaits,
Il veut finir vos maux, il vous plaint, il vous aime,
Et dans ce jour affreux il combat pour vous-même.
Les momens lui font chers, il court dans tous les rangs,
Sur un courfier fougueux, plus leger que les vents ;
Qui fier de fon fardeau, du pied frapant la terre,
Appelle les dangers & refpire la guerre.

On voïoit près de lui briller tous ces Guerriers,
Compagnons de fa gloire & ceints de fes lauriers.

U 2

D'Aumont, qui fous cinq Rois avoit porté les armes ;
Biron, dont le feul nom répandoit les allarmes ;
Et fon fils jeune encore, ardent, impétueux,
Qui depuis... mais alors il étoit vertueux.
Sulli, Nangis, Grillon, ces ennemis du crime,
Que la Ligue détefte, & que la Ligue eftime ;
Turenne qui depuis de la jeune Bouillon,
Mérita dans Sedan la puiffance & le nom :
Puiffance malheureufe & trop mal confervée,
Et par Armand détruite auffi-tôt qu'élevée.
Effex avec éclat paroit au milieu d'eux,
Tel que dans nos jardins un palmier fourcilleux,
A nos ormes touffus mèlant fa tête altiere,
Etale les beautés de fa tige étrangere.
Son cafque étinceloit des feux les plus brillants,
Qu'étaloient à l'envy l'or & les diamants,
Dons chers, & prétieux, dont fa fiere maitreffe
Honora fon courage, ou plûtot fa tendreffe.
Ambitieux Effex, vous etiez à la fois
L'amant de votre Reine, & le foutien des Rois.
Plus loin font la Trimoüille, & Clermont, & Feuquieres.
Le malheureux de Nêle, & l'heureux Lédiguieres,

D'Ailli, pour qui ce jour fut un jour trop fatal.
Tous ces héros en foule attendoient le fignàl,
Et rangez près du Roi lifoient fur fon vifage,
D'un triomphe certain l'efpoir & le préfage.

 Mayenne en ce moment, inquiet, abbatu,
Dans fon cœur étonné cherche en vain fa vertu;
Soit que de fon party connoiffant l'injuftice,
Il ne crut point le Ciel à fes armes propice :
Soit que l'ame en effet ait des préffentiments,
Avant-coureurs certains des grands événements.
Ce Héros cependant, maitre de fa foibleffe,
Déguifoit fes chagrins fous fa fauffe allégreffe.
Il s'excite, il s'empreffe, il infpire aux Soldats
Cet efpoir génereux que lui même il n'a pas.

 D'Egmont auprès de lui, plein de la confiance,
Que dans un jeune cœur fait naître l'imprudence,
Impatient dèja d'exercer fa valeur,
De l'incertain Mayenne accufoit la lenteur.
Tel qu'échappé du fein d'un riant paturage,
Au bruit de la trompette animant fon courage,
Dans les champs de la Thrace un courfier orgueilleux,
Indocile, inquiet, plein d'un feu belliqueux,

Levant les crins mouvans de fa fuperbe tête,
Court, fe cabre, bondit, plus promt que la tempête.
Tel paroiffoit Egmont : une noble fureur,
Eclate dans fes yeux, & brule dans fon cœur.
Il s'entretient déja de fa prochaine gloire,
Il croit que fon deftin commande à la victoire,
Hélas, il ne fait point que fon fatal orgueuil,
Dans les plaines d'Ivri lui prépare un cerceuil.

Vers les Ligueurs enfin le grand Henri s'avance,
Et s'adreffant aux fiens, qu'enflammoit fa préfence,
Vous êtes nés François, & je fuis votre Roi,
Voilà nos ennemis, marchez & fuivez moi ;
Ne perdez point de vûë, au fort de la tempête,
Ce pennache éclatant qui flotte fur ma tête ;
Vous le verrez toûjours au chemin de l'honneur.
A ces mots, que ce Roi prononçoit en vainqueur,
Il voit d'un feu nouveau fes troupes enflammées,
Et marche en invoquant le grand Dieu des armées.
Sur les pas des deux chefs alors en même-tems,
On voit des deux partis voler les combattans.

Ainſi lorſque des monts ſéparez par Alcide,
Les Aquilons fougueux fondent d'un vol rapide ;
Soudain les flots émus des deux profondes mers,
D'un choc impétueux s'élancent dans les airs,
La terre au loin gémit, le jour fuit, le Ciel gronde,
Et l'Afriquain tremblant craint la chute du monde.

    Au mouſquet réuni le ſanglant coutelas,
Dèja de tous côtés porte un double trépas.
Cette arme que jadis, pour dépeupler la terre,
Dans Bayonne inventa le démon de la guerre,
Raſſemble en même tems, digne fruit de l'enfer,
Ce qu'ont de plus terrible, & la flamme, & le fer.

    Dans tous les deux partis l'adreſſe, le courage,
Le tumulte, les cris, la peur, l'aveugle rage,
Le deſeſpoir, la mort, l'ardente ſoif du ſang,
Par-tout, ſans s'arrêter, paſſent de rang en rang.
L'un pourſuit un parent dans le parti contraire ;
Là le frere en fuïant meurt de la main d'un frere ;
La nature en frémit, & ce rivage affreux
S'abreuvoit à regret de leur ſang malheureux.

    Dans d'épaiſſes forêts de lances hériſſées,
De bataillons ſanglants, de troupes renverſées,

Henri pouffe, s'avance, & fe fait un chemin.
Le grand Mornay le fuit, toujours calme & ferain.
Il veille autour de lui tel qu'un heureux genie :
Voiez-vous, lui dit-il, cet efcadron qui plie,
Ici près de ce bois Mayenne eft arrêté :
D'Aumale vient à nous, marchons de ce côté.
Ainfi dans la mêlée, il l'affifte, il l'efcorte,
Et pare en lui parlant plus d'un coup qu'on lui porte :
Mais, il ne permet pas à fes ftoïques mains,
De fe fouiller du fang des malheureux humains.
De fon Roi feulement fon ame eft occupée :
Pour fa deffenfe feule il a tiré l'épée,
Et fon rare courage, ennemi des combats,
Sait affronter la mort, & ne la donne pas.

Du fuperbe d'Aumont la valeur indomptée,
Repouffoit de Nemours la troupe épouvantée.
D'Ailli portoit par-tout l'horreur & le trépas ;
Les Ligueurs ébranlez fuïoient devant fes pas.
Soudain de mille dards affrontant la tempête,
Un jeune audacieux dans fa courfe l'arrête ;
Ils fondent l'un fur l'autre à coups précipités,
La victoire & la mort volent à leurs côtés.

Ils s'attaquent cent fois, & cent fois fe repouffent ;
Leur courage s'augmente, & leurs glaives s'émouffent ;
Deffendus par leur cafque & par leur bouclier,
Ils parent tous les traits du redoutable acier.
Chacun d'eux étonné de tant de réfiftance,
Refpecte fon rival, admire fa vaillance.
Enfin le vieux d'Ailli, par un coup malheureux,
Fait tomber à fes pieds ce Guerrier génereux.
Ses yeux font pour jamais fermez à la lumiere,
Son cafque auprès de lui roule fur la pouffiere :
D'Ailli voit fon vifage, ô defefpoir ! ô cris !
Il le voit, il l'embraffe, hélas ! c'étoit fon fils.
Le pere infortuné, les yeux baignez de larmes,
Tournoit contre fon fein fes parricides armes ;
On l'arrête, on s'oppofe à fa jufte fureur,
Il s'arrache en tremblant de ce lieu plein d'horreur.
Il détefte à jamais fa coupable victoire,
Il renonce à la Cour, aux humains, à la gloire,
Et fe fuïant lui-même, au milieu des deferts,
Il va cacher fa peine au bout de l'Univers.
Là, foit que le foleil rendit le jour au monde,
Soit qu'il finit fa courfe au vafte fein de l'onde,

X

Sa voix faifoit redire aux échos attendris,
Le nom, le trifte nom de fon malheureux fils.

Ciel, quels cris effraïans fe font par-tout entendre!
Quels flots de fang François viennent de fe répandre!
Qui précipite ainfi ces Ligueurs difperfez,
Quel Héros, ou quel Dieu les a tous renverfez?
C'eft le jeune Biron, c'eft lui dont le courage
Parmi leurs bataillons s'étoit fait un paffage.
D'Aumale les voit fuir, & boüillant de couroux,
Arrêtez, revenez... Laches où courez-vous?
Vous fuïr? Vous compagnons de Mayenne & de Guife,
Vous qui devez venger Paris, Rome & l'Eglife.
Suivez moy, rappellez votre antique vertu,
Combattez fous d'Aumale, & vous avez vaincu.
    Auffi-tôt fecouru de Beauveau, de Foffeufe,
Du farouche S. Paul, & même de Joyeufe,
Il raffemble avec eux ces bataillons épars,
Qu'il anime en marchant du feu de fes regards.
La fortune avec lui revient d'un pas rapide,
Biron foutient en vain d'un courage intrépide,

Le cours précipité de ce fougueux torrent.

Il voit à ſes côtés Parabere expirant,

Dans la foule des morts il voit tomber Feuquieres,

Nêle, Clermont, d'Angenne ont mordu la pouſſiere :

Percé de coups lui-même, il eſt prêt de périr...

C'étoit ainſi Biron, que tu devois mourir.

Un trépas ſi fameux, une chûte ſi belle,

Rendoit de ta vertu la mémoire immortelle.

Que vois-je ! c'eſt ton Roi qui marche à ton ſecours,

Il ſçait l'affreux danger qui menace tes jours ;

Il le ſçait, il y vole, il laiſſe la pourſuite

De ceux qui devant lui précipitoient leur fuite.

Il arrive, il paroit comme un Dieu menaçant.

D'Aumale, à ſon aſpect, recule en frémiſſant,

Tout tremble devant lui, tout s'écarte, tout plie.

Ton Roi, jeune Biron, te ſauve enfin la vie,

Il t'arrache ſanglant aux fureurs des ſoldats,

Dont les coups redoublez achevoient ton trépas ;

Tu vis, ſonge du moins à lui reſter fidèle.

Mayenne apprend bien-tôt cette triſte nouvelle ;

X 2

Il court aux lieux fanglans où fon rival vainqueur
Répandoit le defordre, & la mort, & la peur.
Qui pouroit exprimer le fang & le carnage,
Dont l'Eure en ce moment vit couvrir fon rivage,
Tant de coups, tant de morts, tant d'exploits éclatans,
Que nous cache aujourd'hui l'obfcure nuit des tems?

O vous manes fanglans du plus grand Roi du monde,
Sortez pour un moment de votre nuit profonde,
Pour chanter ce grand jour, pour chanter vos exploits;
Eclairez mon efprit & parlez par ma voix.

Preffé de tous côtés fa redoutable épée
Eft du fang Efpagnol & du François trempée;
Mille ennemis fanglans expiroient fous fes coups,
Quand le fougueux Egmont s'offrit à fon couroux.
Long-tems cet étranger trompé par fon courage,
Avoit cherché le Roi dans l'horreur du carnage.
Dût fa témerité le conduire au cerceuil,
L'honneur de le combattre irritoit fon orgueuil.
Viens Bourbon, crioit-il, viens augmenter ta gloire.
Combattons, c'eft à nous de fixer la victoire.
Il dit: il pouffe au Prince, il l'atteint vers le flanc,
Il triomphoit dèja d'avoir verfé ce fang.

Le Roi qu'il a bleffé, voit fon peril fans trouble,
Ainfi que le danger fon audace redouble.
Son grand cœur s'aplaudit d'avoir aux champs d'honneur,
Trouvé des ennemis dignes de fa valeur.
Loin de le retarder fa bleffure l'irrite.
Sur ce fier ennemi Bourbon fe précipite.
D'Egmont d'un coup plus fur eft renverfé foudain,
Le fer étincelant fe plongea dans fon fein.
Sous leurs pieds teints de fang les chevaux le foulerent,
Des ombres du trépas fes yeux s'enveloperent,
Et fon ame en courroux s'envola chez les morts,
Où l'afpect de fon pere excita fes remords.
Sur fon corps tout fanglant, le Roi fans réfiftance,
Tel qu'un foudre éclatant vers Mayenne s'avance;
Il l'attaque, il l'étonne, il le preffe, & fon bras
A chaque inftant fur lui fufpendoit le trépas.
Ce bras vaillant, Mayenne, alloit trencher ta vie,
La Ligue en paliffoit, la guerre étoit finie;
Mais d'Aumale & S. Paul accourent à l'inftant,
On l'entoure, on l'arrache à la mort qui l'attend.
Où courez vous Effex ? où portez vous la foudre ?
Aux Flamans difperfez il fait mordre la poudre.

Ici d'Aumont pourfuit & Joyeufe & Nemours ;
Là du fier Barbazan Nangis tranche les jours.
On voit par-tout, on voit les Ligueurs en allarmes,
Quittant leurs étendarts, abandonant leurs armes ;
Les uns fans réfiftance à leur vainqueur offerts,
Fléchiffoient les genoux & demandoient des fers.
D'autres d'un pas rapide évitant fa pourfuite,
Jufqu'aux rives de l'Eure emportez dans leur fuite,
Dans les profondes eaux vont fe précipiter,
Et courent au trépas qu'ils veulent éviter.
Les flots enfanglantez interrompent leur courfe,
Le fleuve avec effroi remonte vers fa fource.
De mille cris affreux l'air au loin retentit,
Anet s'en épouvente, & Mantes en frémit.

Mayenne cependant par une fuite prompte,
Dans les murs de Paris couroit cacher fa honte.
Henri victorieux voïoit de tous côtez,
Les Ligueurs fans deffenfe implorant fes bontez.
Des cieux en ce moment les voutes s'entr'ouvrirent.
Les manes des Bourbons dans les airs defcendirent.

Louis au milieu d'eux, du haut du firmament,
Vint contempler Henri dans ce fameux moment;
Vint voir comme il sauroit user de la victoire,
Et s'il acheveroit de meriter sa gloire.

    Ses soldats près de lui d'un œil plein de couroux,
Regardoient ces vaincus échappez à leurs coups.
Les captifs en tremblant conduits en sa présence
Attendoient leur arrêt dans un profond silence.
Le mortel desespoir, la honte, la terreur,
Dans leurs yeux égarés avoient peint leur malheur.
Bourbon tourna sur eux des regards pleins de grace,
Où règnoient à la fois la douceur, & l'audace.
Soiez libres, dit-il, vous pouvez désormais
Rester mes ennemis, ou vivre mes sujets.
Entre Mayenne & moi, reconnoissez un maître,
Voyez qui de nous deux a mérité de l'être;
Esclaves de la Ligue, ou compagnons d'un Roy,
Allez trembler sous elle, ou triomphés sous moy.
Choisissez. A ces mots d'un Roi couvert de gloire,
Sur un champ de bataille, au sein de la victoire,
On voit en un moment ces captifs éperdus,
Contents de leur défaite, heureux d'être vaincus.

Leurs yeux font éclairés, leurs cœurs n'ont plus de haine.
Sa valeur les vainquit, fa vertu les enchaine.
Et s'honorant dèja du nom de fes foldats,
Pour expier leur crime ils marchent fur fes pas.
Le Roi de tous côtés fait ceffer le carnage,
Maître de fes Guerriers, il fléchit leur courage.
Ce n'eft plus ce lion qui tout couvert de fang
Portoit avec l'effroy la mort de rang en rang.
C'eft un Dieu bien-faifant, qui laiffant fon tonnerre,
Fait fucceder le calme aux horreurs de la guerre,
Confole les vaincus, applaudit aux vainqueurs,
Soulage, recompenfe, & gagne tous les cœurs.
Ceux à qui la lumiere étoit prefque ravie,
Par fes ordres humains font rendus à la vie,
Et fur tous leurs dangers, & fur tous leurs befoins,
Tel qu'un pere attentif il étend tous fes foins.

Du vrai comme du faux la prompte meffagere,
Qui s'acroit dans fa courfe, & d'une aîle legere,
Traverfant tous les jours & les monts & les mers,
Des actions des Rois va remplir l'Univers.

La renommée, enfin, dans la Ville rebelle,
Des exploits de Henry répandoit la nouvelle.
Maïenne dans ces murs abufoit les efprits,
Vaincu, mais plein d'efpoir, & maître de Paris;
Sa politique habile, au fond de fa retraite,
Aux Ligueurs incertains déguifoit fa défaite,
Contre un coup fi funefte il veut les raffurer,
En cachant fa difgrace il croit la réparer :
Par cent bruits menfongers il ranimoit leur zèle ;
Mais malgré tant de foins la verité cruelle,
Démentant à fes yeux fes difcours impofteurs,
Voloit de bouche en bouche & glaçoit tous les cœurs.

La difcorde en frémit, & redoublant fa rage,
Non, je ne verrai point détruire mon ouvrage,
Dit-elle, & n'aurai point dans ces murs malheureux,
Verfé tant de poifons, allumé tant de feux,
De tant de flots de fang cimenté ma puiffance,
Pour laiffer à Bourbon l'Empire de la France.
Tout terrible qu'il eft, j'ai l'art de l'affoiblir,
Si je n'ai pû le vaincre, on le peut amolir ;

Y

N'oppofons plus d'efforts à fa valeur fuprême.

Henry n'aura jamais de vainqueur que lui-même.

C'eft fon cœur qu'il doit craindre, & je veux aujourd'hui

L'attaquer, le combattre, & le vaincre par lui.

Elle dit; & foudain des rives de la Seine,

Sur un char teint de fang, attelé par la haine,

Dans un nuage épais qui fait pâlir le jour,

Elle part, elle vole, & va trouver l'Amour.

Gravé par De Bailly

LA
HENRIADE.

CHANT NEUVIEME.

SUr les bords fortunés de l'antique Idalie,
   Lieux où finit l'Europe, & commence l'Afie,
S'élève un vieux Palais refpecté par les tems:
La Nature en pofa les premiers fondemens;
Et l'art ornant depuis fa fimple architecture,
Par fes travaux hardis furpaffà la nature.

Là tous les champs voisins peuplez de mirtes verds,

N'ont jamais ressenti l'outrage des hyvers.

Par-tout on voit meurir, par-tout on voit éclore,

Et les fruits de Pomone, & les présens de Flore ;

Et la terre n'attend pour donner ses moissons,

Ni les vœux des humains, ni l'ordre des saisons.

L'homme y semble goûter, dans une paix profonde,

Tout ce que la Nature, aux premiers jours du monde,

De sa main bien-faisante accordoit aux humains,

Un éternel repos, des jours purs & serains,

Les douceurs, les plaisirs que promet l'abondance,

Les biens de l'âge d'or, hors la seule innocence.

On entend pour tout bruit des concerts enchanteurs,

Dont la molle harmonie inspire les Langueurs,

Les voix de mille amans, les chants de leurs maitresses,

Qui célébrent leur honte, & vantent leurs foiblesses.

Chaque jour on les voit, le front paré de fleurs,

De leur aimable maître implorer les faveurs ;

Et dans l'art dangereux de plaire & de séduire,

Dans son Temple à l'envy s'empresser de s'instruire.

La flateuse esperance, au front toûjours serain,

A l'autel de leur Dieu les conduit par la main.

Près du temple facré les Graces demi nuës,
Accordent à leurs voix leurs danfes ingénuës.
La molle volupté fur un lit de gazons,
Satisfaite & tranquile écoute leurs chanfons.
On voit à fes côtés le miftère en filence,
Les refus attirans, les foins, la complaifance,
Les plaifirs amoureux, & les tendres defirs,
Plus doux, plus féduifans encor que les plaifirs.
    De ce temple fameux telle eft l'aimable entrée ;
Mais lorfqu'en avançant fous la voute facrée,
On porte au fanctuaire un pas audacieux,
Quel fpectacle funefte épouvante les yeux !
Ce n'eft plus des plaifirs la troupe aimable & tendre,
Leurs concerts amoureux ne s'y font plus entendre ;
Les plaintes, les dégouts, l'imprudence, la peur,
Font de ce beau féjour un féjour plein d'horreur.
La fombre jaloufie, au teint pâle & livide,
Suit d'un pied chancelant le foupçon qui la guide :
La haine, & le couroux répandant leur venin,
Marchent devant fes pas un poignard à la main.
La malice les voit, & d'un fouris perfide,
Applaudit en paffant à leur troupe homicide.

Le repentir les fuit déteſtant leurs fureurs,
Et baiſſe en ſoupirant ſes yeux moüillés de pleurs.

C'eſt là, c'eſt au milieu de cette Cour affreuſe,
Des plaiſirs des humains compagne malheureuſe,
Que l'amour à choiſi ſon ſéjour éternel.
Ce dangereux enfant, ſi tendre & ſi cruel,
Porte en ſa foible main les deſtins de la terre,
Donne avec un ſouris ou la paix, ou la guerre,
Et répandant par-tout ſes trompeuſes douceurs,
Anime l'Univers, & vit dans tous les cœurs.
Sur un trône éclatant, contemplant ſes conquêtes,
Il ſouloit à ſes pieds les plus ſuperbes têtes;
Fier de ſes cruautés plus que de ſes bienfaits,
Il ſembloit s'applaudir des maux qu'il avoit faits.

La diſcorde ſoudain conduite par la rage,
Ecarte les plaiſirs, s'ouvre un libre paſſage,
Sécouant dans ſes mains ſes flambeaux allumez,
Le front couvert de ſang & les yeux enflâmez.
Mon frere, lui dit-elle, où ſont tes traits terribles?
Pour qui réſerves-tu tes flèches invincibles?
Ah! ſi de la diſcorde allumant le tiſon,
Jamais à tes fureurs tu mèlas mon poiſon;

Si tant de fois pour toi j'ai troublé la nature;
Viens, vole fur mes pas, viens venger mon injure.
Un Roi victorieux écrafe mes ferpens,
Ses mains joignent l'olive aux lauriers triomphans.
La clémence avec lui marchant d'un pas tranquile,
Au fein tumultueux de la guerre civile,
Va fous fes étendarts, flottans de tous côtés,
Réünir tous les cœurs par moi feule écartés.
Encore une victoire & mon trône eft en poudre,
Aux ramparts de Paris, Henri porte la foudre.
Ce Héros va combattre, & vaincre, & pardonner;
De cent chaînes d'airain fon bras va m'enchaîner.
C'eft à toi d'arrêter ce torrent dans fa courfe.
Va de tant de hauts faits empoifonner la fource.
Que fous ton joug, Amour, il gémiffe, abatu;
Va dompter fon courage au fein de la vertu.
C'eft toi, tu t'en fouviens, toi dont la main fatale,
Fit tomber fans effort Hercule aux pieds d'Omphale.
Ne vit-on pas Antoine amoli dans tes fers,
Abandonnant pour toi les foins de l'Univers,
Fuïant devant Augufte, & te fuivant fur l'onde,
Préferer Cleopatre à l'Empire du monde.

Henri te reste à vaincre après tant de guerriers.

Dans ses superbes mains va flétrir ses lauriers.

Va du mirte amoureux ceindre sa tête altiere ;

Endors entre tes bras son audace guerriere.

A mon trône ébranlé cours servir de soutien,

Viens, ma cause est la tienne, & ton règne est le mien.

Ainsi parloit ce monstre ; & la voute tremblante,

Répétoit les accens de sa voix effraïante.

L'Amour, qui l'écoutoit, couché parmi des fleurs,

D'un souris fier & doux répond à ses fureurs.

Il s'arme cependant de ses flèches dorées.

Il fend des vastes Cieux les voutes azurées ;

Et précédé des jeux, des graces, des plaisirs,

Il vole aux champs François sur l'aîle des zéphirs.

Dans sa course, d'abord, il découvre avec joye,

Le foible Ximoïs, & les champs où fut Troye.

Il rit en contemplant dans ces lieux renommés,

La cendre des Palais par ses mains consumés.

Il voit en un moment ces murs bâtis sur l'onde,

Ces ramparts orgueilleux, ce prodige du monde.

Venife, dont Neptune admire le deftin,

Et qui commande aux flots renfermés dans fon fein.

Bien-tôt dans la Province il voit cette fontaine,

Dont fon pouvoir aimable éternifa la veine ;

Quand le tendre Petrarque, au printems de fes jours,

Sur fes bords enchantez foupiroit fes amours.

Il voit les murs d'Anet bâtis aux bord de l'Eure ;

Lui même en ordonna la fuperbe ftructure,

Par fes adroites mains, avec art enlaffez,

Les chiffres de Diane y font encor tracez.

Sur fa tombe en paffant les plaifirs & les graces,

Répandirent les fleurs qui naiffoient fur leurs traces.

Aux campagnes d'Yvri, l'Amour arrive enfin,

Le Roi prêt d'en partir pour un plus grand deffein,

Mêlant à fes plaifirs l'image de la guerre,

Laiffoit pour un moment repofer fon tonerre.

Mille jeunes guerriers à travers les guerets,

Pourfuivoient avec lui les hôtes des forêts.

L'Amour fent à fa vûë une joïe inhumaine,

Il aiguife fes traits, il prépare fa chaîne,

Il foulève avec lui les élémens armez,

Il trouble en un moment les airs qu'il a calmez.

Z

D'un bout du monde à l'autre appellant les orages,
Sa voix commande aux vents d'affembler les nuages ;
De verfer ces torrens fufpendus dans les airs,
Et d'apporter la nuit, la foudre & les éclairs.
Dèja les Aquilons à fes ordres fidèles,
Dans les Cieux obfcurcis ont déploïé leurs aîles ;
La plus affreufe nuit fuccède au plus beau jour,
La Nature en gémit, & reconnoit l'Amour.

Dans les fillons fangeux de la campagne humide,
Le Roi marche incertain, fans efcorte & fans guide ;
L'Amour en ce moment allumant fon flambeau,
Fait briller devant lui ce prodige nouveau.
Abandonné des fiens, le Roi dans ces bois fombres,
Suit cet aftre ennemi, brillant parmi les ombres.
Comme on voit quelque-fois les voyageurs troublez,
Suivre ces feux ardens de la terre exhalez ;
Ces feux dont la vapeur maligne & paffagere,
Conduit au précipice à l'inftant qu'elle éclaire.
Depuis peu la fortune en ces triftes climats,
D'une illuftre mortelle avoit conduit les pas,

Dans le fond d'un château, tranquile & folitaire,
Loin du bruit des combats elle attendoit fon pere;
Qui fidèle à fes Rois, vieilli dans les hazards,
Avoit du grand Henri fuivi les étendarts.
D'Etrée étoit fon nom ; la main de la Nature,
De fes aimables dons la combla fans mefure.
Telle ne brilloit point aux bords de l'Eurotas,
La coupable moitié qui trahit Menelas.
Moins touchante, & moins belle à Tarfe on vit paroitre,
Celle qui des Romains avoit dompté le maître ;
Lorfque les habitants des rives du Cidnus,
L'encenfoir à la main, la prirent pour Venus.
Elle entroit dans cet âge, hélas! trop redoutable,
Qui rend des paffions le joug inévitable,
Son cœur né pour aimer, mais fier & génereux,
D'aucun amant encor n'avoit reçu les vœux.
Semblable en fon printems à la rofe nouvelle,
Qui renferme en naiffant fa beauté naturelle ;
Cache aux vents amoureux les tréfors de fon fein,
Et s'ouvre aux doux raïons d'un jour pur & ferain.

    L'Amour, qui cependant s'aprête à la furprendre,
Sous un nom fuppofé vient près d'elle fe rendre,

Il paroît fans flambeau, fans flèche, & fans carquois,
Il prend d'un fimple enfant la figure & la voix.
On a vû, lui dit-il, fur la rive prochaine,
S'avancer vers ces lieux le vainqueur de Mayenne.
Il gliffoit dans fon cœur, en lui difant ces mots,
Un defir inconnu de plaire à ce Héros.
Son teint fut animé d'une grace nouvelle,
L'amour s'applaudiffoit en la voyant fi belle,
Que n'efperoit-il point, aidé de tant d'appas!
Au devant du Monarque il conduifit fes pas.
L'art divin, dont lui-même a formé fa parure,
Paroit aux yeux féduits l'effet de la nature.
L'or de fes blonds cheveux qui flotte au gré des vents,
Tantôt couvre fa gorge, & fes tréfors naiffants;
Tantôt expofe aux yeux leur charme inexprimable.
Sa modeftie encor la rendoit plus aimable.
Non pas cette farouche, & trifte aufterité,
Qui fait fuir les amours, & même la beauté.
Mais cette pudeur douce, innocente, enfantine,
Qui colore le front d'une rougeur divine;
Infpire le refpect, enflamme les defirs,
Et de qui la peut vaincre augmente les plaifirs.

Il fait plus; à l'Amour tout miracle est possible.
Il enchante ces lieux par un charme invincible.
Des mirtes enlassez, que d'un prodigue sein,
La terre obéïssante a fait naitre soudain,
Dans les lieux d'alentour étendent leur feuillage.
A peine a-t-on passé sous leur fatal ombrage,
Par des liens secrets on se sent arrêter;
On s'y plait, on s'y trouble, on ne peut les quitter.
On voit fuir sous cette ombre une onde enchanteresse;
Les amans fortunés, pleins d'une douce yvresse,
Y boivent à longs traits l'oubly de leur devoir.
L'Amour dans tous ces lieux fait sentir son pouvoir.
Tout y paroit changé, tous les cœurs y soupirent.
Tous sont empoisonnez du charme qu'ils respirent.
Tout y parle d'amour. Les oiseaux dans les champs
Redoublent leurs baisers, leurs caresses, leurs chants.
Le laboureur actif & nourri dans la peine,
Marchant avec ardeur où son travail le mêne,
S'arrête, s'inquiète, & pousse des soupirs;
Son cœur est étonné de ses nouveaux desirs.
Il demeure enchanté dans ces belles retraites,
Et laisse en soupirant ses moissons imparfaites.

Près de lui, la bergere oubliant ſes troupeaux,
De ſa tremblante main ſent tomber ſes fuſeaux.
Contre un pouvoir ſi grand qu'eût pû faire d'Etrée ?
Par un charme indomptable elle étoit attirée.
Elle avoit à combattre en ce funeſte jour,
Sa jeuneſſe, ſon cœur, un Héros, & l'Amour.
Quelque-tems de Henri la valeur immortelle,
Vers ſes drapeaux vainqueurs en ſecret le rapelle,
Une inviſible main le retient malgré luy.
Dans ſa vertu premiere il cherche un vain apuy.
Sa vertu l'abandonne, & ſon ame enyvrée
N'aime, ne voit, n'entend, ne connoit que d'Etrée.

Loin de lui cependant tous ſes chefs étonnez
Se demandent leur Prince, & reſtent conſternez.
Ils trembloient pour ſes jours, hélas! qui l'eût pû croire,
Qu'on eût dans ce moment dû craindre pour ſa gloire ?
On le cherchoit en vain; ſes ſoldats abattus,
Ne marchant plus ſous lui ſembloient dèja vaincus.

Mais le génie heureux qui préſide à la France,
Ne ſouffrit pas long-tems ſa dangereuſe abſence.

Il defcendit des Cieux, à la voix de Louis,
Et vint d'un vol rapide au fecours de fon fils.
Quand il fut defcendu vers ce trifte hémifphère,
Pour y trouver un fage, il regarda la terre.
Il ne le cherchа point dans ces lieux reverez,
A l'étude, au filence, au jeûne confacrez.
Il alla dans Ivry ; là parmi la licence,
Où du foldat vainqueur s'emporte l'infolence,
L'Ange heureux des François fixa fon vol divin,
Au milieu des drapeaux des enfans de Calvin.
Il s'adreffe à Mornay ; c'étoit pour nous inftruire,
Que fouvent la raifon fuffit à nous conduire ;
Ainfi qu'elle guida chez des peuples Payens,
Marc Aurèle, ou Platon, la honte des Chrêtiens.

Non moins prudent ami que philofophe auftère,
Mornay fçut l'art difcret de reprendre & de plaire :
Son exemple inftruifoit bien mieux que fes difcours ;
Les folides vertus furent fes feuls amours.
Avide de travaux, infenfible aux delices,
Il marchoit d'un pas ferme au bord des précipices.
Jamais l'air de la Cour, & fon foufle infecté
N'altera de fon cœur l'auftère pureté.

Belle Aréthuſe ainſi, ton onde fortunée
Roule au ſein furieux d'Amphitrite étonnée,
Un criſtal toujours pur, & des flots toujours clairs,
Que jamais ne corrompt l'amertume des mers.

    Le génereux Mornay, conduit par la ſageſſe,
Part & vole en ces lieux où la douce moleſſe,
Retenoit dans ſes bras le vainqueur des humains,
Et de la France en lui maîtriſoit les deſtins.
L'Amour à chaque inſtant redoublant ſa victoire,
Le rendoit plus heureux pour mieux flétrir ſa gloire ;
Les plaiſirs qui ſouvent ont des termes ſi courts,
Partageoient ſes momens & rempliſſoient ſes jours.

    L'Amour au milieu d'eux découvre avec colère,
A côté de Mornay la ſageſſe ſevère ;
Il veut ſur ce guerrier lancer un trait vengeur,
Par l'attrait des plaiſirs il croit vaincre ſon cœur :
Mais Mornay mépriſoit ſa colère & ſes charmes,
Tous ſes traits impuiſſans s'émouſſoient ſur ſes armes.
Il attend qu'en ſecret le Roi s'offre à ſes yeux,
Et d'un œil irrité contemple ces beaux lieux.

    Au fond de ces jardins, au bord d'une onde claire,
Sous un mirte amoureux, azile du miſtère ;

D'Etrée à fon amant prodiguoit fes apas ;

Il languiffoit près d'elle, il brûloit dans fes bras.

De leurs doux entretiens rien n'alteroit les charmes,

Leurs yeux étoient remplis de ces heureufes larmes;

De ces larmes qui font les plaifirs des amans.

Ils fentoient cette yvreffe & ces faififfemens,

Ces tranfports, ces fureurs, qu'un tendre amour infpire,

Que lui feul fait goûter, que lui feul peut décrire.

Les folatres plaifirs, dans le fein du repos,

Les Amours enfantins defarmoient ce Héros:

L'un tenoit fa cuiraffe encor de fang trempée;

L'autre avoit détaché fa redoutable epée,

Et rioit en tenant dans fes débiles mains,

Ce fer, l'appuy du trône, & l'effroy des humains.

La difcorde de loin, infulte à fa foibleffe,

Elle exprime en grondant fa barbare allégreffe,

Sa fiére activité ménage ces inftants,

Elle court de la Ligue irriter les ferpents.

Et tandis que Bourbon fe repofe, & fcmeille,

De tous fes ennemis la rage fe reveille.

Enfin dans ces jardins où fa vertu languit,

Il voit Mornay paroitre: il le voit, & rougit.

L'un de l'autre en fecret ils craignoient la préfence.

Le fage en l'abordant garde un morne filence;

Mais ce filence même, & fes regards baiffez

Se font entendre au Prince, & s'expliquent affez.

Sur ce vifage auftère, où règnoit la trifteffe,

Henri lut aifément fa honte, & fa foibleffe.

Rarement de fa faute on aime le témoin.

Tout autre eût de Mornay mal reconnû le foin.

Cher ami, dit le Roi, ne crains point ma colère,

Qui m'apprend mon devoir eft trop fur de me plaire.

Viens, le cœur de ton Prince eft digne encor de toi.

Je t'ai vû, c'en eft fait, & tu me rends à moi.

Je reprens la vertu que l'amour m'a ravie,

De ce honteux repos fuïons l'ignominie.

Fuïons ce lieu funefte où mon cœur mutiné,

Aime encore les liens dont il fut enchaîné :

Me vaincre eft déformais ma plus belle victoire.

Partons, bravons l'amour dans les bras de la gloire,

Et bien-tôt vers Paris répandant la terreur,

Dans le fang Efpagnol effaçons mon erreur.

A ces mots génereux Mornay connut fon Maître.

C'eft vous, s'écria-t-il, que je revois paroître;

Vous de la France entiere augufte deffenfeur,
Vous maître de vous même, & Roi de votre cœur ;
L'amour à votre gloire ajoûte un nouveau luftre.
Qui l'ignore eft heureux, qui le dompte eft illuftre.

Il dit: le Roi s'aprête à partir de ces lieux.
Quelle douleur, ô Ciel! attendrit fes adieux.
Plein de l'aimable objet qu'il fuit & qu'il adore,
En condamnant fes pleurs il en verfoit encore.
Entrainé par Mornay, par l'amour attiré,
Il s'éloigne, il revient, il part defefperé.
Il part : en ce moment d'Etrée évanouie,
Refte fans mouvement, fans couleur, & fans vie,
D'une foudaine nuit fes beaux yeux font couverts.
L'Amour qui l'aperçut jette un cri dans les airs.
Il s'épouvante, il craint qu'une nuit éternelle,
N'enlève à fon Empire une Nimphe fi belle ;
N'efface pour jamais les charmes de fes yeux,
Qui devoient dans la France allumer tant de feux.
Il la prend dans fes bras, & bien-tôt cette amante,
R'ouvre à fa douce voix fa paupiere mourante,
Lui nomme fon amant, le redemande en vain,
Le cherche encor des yeux, & les ferme foudain.

L'Amour baigné des pleurs qu'il répand auprès d'elle,
Au jour qu'elle fuïoit tendrement la rapelle ;
D'un espoir séduisant il lui rend la douceur,
Et soulage les maux dont lui seul est l'auteur.

Mornay toûjours sévère & toûjours inflexible,
Entrainoit cependant son Maître trop sensible.
La force & la vertu leur montrent le chemin,
La gloire les conduit les lauriers à la main ;
Et l'Amour indigné que le devoir surmonte,
Va cacher dans Paphos sa colère & sa honte.

LA
HENRIADE.

CHANT DIXIEME.

CEs moments dangereux, perdus dans la moleſſe,
Avoient fait aux vaincus oublier leur foibleſſe.
A de nouveaux exploits Mayenne eſt préparé,
D'un eſpoir renaiſſant le peuple eſt enyvré.
Leur eſpoir les trompoit; Bourbon que rien n'arrête,
Accourt impatient d'achever ſa conquête,

Paris épouvanté revit ſes étendarts,

Le Héros reparut aux pieds de ſes ramparts;

De ces mêmes ramparts, où fume encor ſa foudre,

Et qu'à réduire en cendre, il ne put ſe réſoudre;

Quand l'Ange de la France, appaiſant ſon couroux,

Retint ſon bras vainqueur, & ſuſpendit ſes coups.

Déja le camp du Roi jette des cris de joye,

D'un œil d'impatience il devoroit ſa proye.

    Les Ligueurs cependant d'un juſte effroy troublez,

Près du prudent Mayenne étoient tous raſſemblez.

Et d'Aumale ennemy de tout conſeil timide,

Leur tenoit fierement ce langage intrépide.

Nous n'avons point encor apris à nous cacher,

L'ennemy vient à nous, c'eſt là qu'il faut marcher.

C'eſt là qu'il faut porter une fureur heureuſe,

Je connois des François la fougue impétueuſe.

L'ombre de leurs ramparts affoiblit leur vertu,

Le François qu'on attaque eſt à demi vaincu.

Souvent le deſeſpoir a gagné des batailles:

J'attens tout de nous ſeuls, & rien de nos murailles.

Héros qui m'écoutez, volés aux champs de Mars;

Peuples qui nous ſuivés, vos chefs ſont vos ramparts.

Il fe tut à ces mots; les Ligueurs en filence,
Sembloient de fon audace accufer l'imprudence.
Il en rougit de honte, & dans leurs yeux confus,
Il lut en frémiffant leur crainte & leur refus.
Eh bien, pourfuivit-il, fi vous n'ofez me fuivre,
François, à cet affront je ne veux point furvivre.
Vous craignez les dangers, feul je m'y vais offrir,
Et vous apprendre à vaincre, ou du moins à mourir.
De Paris à l'inftant il fait ouvrir la porte;
Du peuple qui l'entoure il éloigne l'efcorte,
Il s'avance: un Hérault, miniftre des combats,
Jufqu'aux tentes du Roi marche devant fes pas,
Et crie à haute voix: Quiconque aime la gloire,
Qu'il difpute en ces lieux l'honneur de la victoire,
D'Aumale vous attend, ennemis paroiffez.

Tous les chefs à ces mots d'un beau zèle pouffez,
Vouloient contre d'Aumale effaier leur courage.
Tous briguoient près du Roi cet illuftre avantage,
Tous avoient mérité ce prix de la valeur;
Mais le vaillant Turenne emporta cet honneur.
Le Roi mit dans fes mains la gloire de la France.
Va, dit-il, d'un fuperbe abaiffer l'infolence,

Combats pour ton pays, pour ton Prince, & pour toy,
Et reçois en partant les armes de ton Roy.
Le Héros, à ces mots, lui donne fon épée.
Votre attente, ô grand Roi, ne fera point trompée,
Lui répondit Turenne, embraffant fes genoux:
J'en attefte ce fer, & j'en jure par vous.
Il dit : le Roi l'embraffe, & Turenne s'élance,
Vers l'endroit où d'Aumale, avec impatience,
Attendoit qu'à fes yeux un combattant parût.
Le peuple de Paris aux ramparts accourût;
Les foldats de Henri près de lui fe rangerent:
Sur les deux combattans tous les yeux s'attacherent,
Chacun dans l'un des deux voyant fon deffenfeur,
Du gefte & de la voix excitoit fa valeur.

Bien-tôt ces deux rivaux entrent dans la carriere,
Henri du champ d'honneur leur ouvre la barriere.
Leur bras n'eft point chargé du poids d'un bouclier,
Ils ne fe cachent point fous ces buftes d'acier;
Des anciens Chevaliers ornement honorable,
Eclatant à la vûë, aux coups impénétrable,
Ils négligent tous-deux cet appareil qui rend
Et le combat plus long, & le danger moins grand.

Leur arme eft une épée, & fans autre deffenfe,
Expofé tout entier l'un & l'autre s'avance.

  Mais la trompette fonne, ils s'élancent tous deux,
Ils commençent enfin ce combat dangereux.
Tout ce qu'a pû jamais la valeur & l'adreffe,
L'ardeur, la fermeté, la force, la foupleffe,
Parut des deux côtés en ce choc éclatant.
Cent coups étoient portez, & parés à l'inftant.
Le fpectateur furpris, & ne pouvant le croire,
Voïoit à tout moment leur chûte & leur victoire.
D'Aumale eft plus ardent, plus fort, plus furieux ;
Turenne eft plus adroit, & moins impétueux.
Maître de tous fes fens, animé fans colère,
Il fonge à fatiguer fon terrible adverfaire.
D'Aumale en vains efforts épuife fa vigueur,
Bien-tôt fon bras laffé ne fert plus fa valeur.
Turenne, qui l'obferve, apperçoit fa foibleffe,
Il fe ranime alors, il le pouffe, il le preffe.
Enfin d'un coup mortel il lui perce le flanc.
D'Aumale eft renverfé dans les flots de fon fang.
Tout le peuple effraïé jette un cri lamentable.
D'Aumale fans vigueur étendu fur le fable,

Menace encor Turenne, & le menace en vain.
Sa redoutable épée échape de sa main.
Il veut parler, sa voix expire dans sa bouche.
L'horreur d'être vaincu rend son air plus farouche,
Il se lève, il retombe, il ouvre un œil mourant.
Il regarde Paris, & meurt en soupirant.
Tu le vis expirer, infortuné Mayenne,
Tu le vis, tu frémis, & ta chûte prochaine,
Dans ce moment affreux s'offrit à tes esprits.

Cependant des soldats, dans les murs de Paris,
Rapportoient à pas lents le malheureux d'Aumale.
Ce spectacle sanglant, cette pompe fatale,
Entre au milieu d'un peuple interdit, égaré.
Chacun voit en tremblant ce corps défiguré,
Ce front soüillé de sang, cette bouche entr'ouverte,
Cette tête panchée, & de poudre couverte,
Ces yeux où le trépas étale ses horreurs.
On n'entend point de cris, on ne voit point de pleurs.
La honte, la pitié, l'abbatement, la crainte,
Etouffent leurs sanglots, & retiennent leur plainte.

Tout se tait, & tout tremble, un bruit rempli d'horreur:
Bien-tôt de ce silence augmenta la terreur.
Du camp des assiégeans mille cris s'éleverent.
Les chefs & les soldats près du Roi s'assemblerent.
Ils demandoient l'assaut. Le Roi dans ce moment,
Modera son courage, & leur emportement.
Il sentit qu'il aimoit son ingrate patrie,
Il voulut la sauver de sa propre furie.
Haï de ses sujets, promt à les épargner,
Eux seuls vouloient se perdre, il les voulut gagner.
Heureux si sa bonté prévenant leur audace,
Forçoit ces malheureux à lui demander grace!
Pouvant les emporter, il les fait investir,
Il laisse à leur fureur le tems du repentir.
Il crut que sans assauts, sans combats, sans allarmes,
La disette & la faim, plus fortes que ses armes,
Lui livreroient sans peine un peuple inanimé,
Nourri dans l'abondance, au luxe accoutumé;
Qui vaincu par ses maux, souple dans l'indigence,
Viendroit à ses genoux implorer sa clémence.
Mais le faux zèle hélas! qui ne sauroit ceder,
Enseigne à tout souffrir, comme à tout hazarder.

La clémence du Roi parut une foibleſſe.
Les mutins qu'épargnoit cette main vengereſſe,
A peine encor remis de leur juſte terreur,
Alloient inſolemment défier leur vainqueur.
Ils oſoient inſulter à ſa vengeance oiſive.
Mais, lors qu'enfin les eaux de la Seine captive,
Ceſſèrent d'apporter dans ce vaſte ſéjour,
L'ordinaire tribut des moiſſons d'alentour :
Quand on vit dans Paris la faim pâle & cruelle,
Montrant dèja la mort qui marchoit après elle ;
Alors on entendit des heurlemens affreux.
Ce ſuperbe Paris fut plein de malheureux,
De qui la main tremblante, & la voix affoiblie,
Demandoient vainement le ſoutien de leur vie.
Bien-tôt le riche même, après de vains efforts,
Eprouva la famine au milieu des tréſors.
Ce n'étoit plus ces jeux, ces feſtins, & ces fêtes,
Où de mirthe & de roſe ils couronnoient leurs têtes ;
Où parmi cent plaiſirs, toûjours trop peu goûtez,
Les vins les plus parfaits, les mets les plus vantez,
Sous des lambris dorés, qu'habite la moleſſe,
De leur goût dédaigneux irritoient la pareſſe.

On vit avec effroy tous ces voluptueux,
Pâles, défigurés, & la mort dans les yeux,
Périffant de mifère au fein de l'opulence,
Détefter de leurs biens l'inutile abondance.
Le vieillard, dont la faim va terminer les jours,
Voit fon fils au berceau qui périt fans fecours.
Ici meurt dans la rage une famille entiere.
Plus loin des malheureux, couchez fur la pouffiere,
Se difputoient encore à leurs derniers momens,
Les reftes odieux des plus vils alimens.
Ces fpeêtres affamez, outrageant la Nature,
Vont au fein des tombeaux chercher leur nourriture.
Des morts épouventez les offemens poudreux,
Ainfi qu'un pur froment font préparez par eux ;
Que n'ofent point tenter les extrêmes mifères !
On les vit fe nourrir des cendres de leurs peres.
Mais ce mets déteftable avança leur trépas,
Et ce repas pour eux fut le dernier repas.

Ces Prêtres cependant, ces Doêteurs fanatiques,
Qui loin de partager les mifères publiques,

Bornant à leurs befoins tous leurs foins paternels,

Vivoient dans l'abondance à l'ombre des autels,

Du Dieu qu'ils offenfoient atteftant la fouffrance,

Alloient par-tout du peuple animer la conftance.

Aux uns, à qui la mort alloit fermer les yeux,

Leurs liberales mains ouvroient dèja les Cieux.

Aux autres ils montroient d'un coup d'œil prophétique,

Le tonerre allumé fur un Prince hérétique:

Paris bien-tôt fauvé par des fecours nombreux,

Et la mane du Ciel prête à tomber pour eux.

Hélas! ces vains apas, ces promeffes fteriles,

Charmoient ces malheureux, à tromper trop faciles.

Par les Prêtres féduits, par les Seize effraïez,

Soumis, prefque contents, ils mouroient à leurs pieds;

Trop heureux, en effet, d'abandonner la vie.

D'un ramas d'étrangers la Ville étoit remplie;

Tigres que nos ayeux nourriffoient dans leur fein,

Plus cruels que la mort, & la guerre & la faim.

Les uns étoient venus des campagnes Belgiques,

Les autres des rochers, & des monts Helvétiques;

Barbares, dont la guerre est l'unique métier,
Et qui vendent leur sang à qui veut le païer.
De ces nouveaux tirans les avides cohortes,
Assiégent les maisons, en enfoncent les portes.
Aux hôtes effraïez présentent mille morts,
Non pour leur arracher d'inutiles trésors ;
Non pour aller ravir, d'une main adultère,
Une fille éplorée à sa tremblante mere.
De la cruelle faim le besoin consumant,
Semble étouffer en eux tout autre sentiment ;
Et d'un peu d'alimens la découverte heureuse,
Etoit l'unique but de leur recherche affreuse.
Il n'est point de tourment, de supplice & d'horreur,
Que pour en découvrir n'inventât leur fureur.
 Une femme, grand Dieu ! faut-il à la mémoire,
Conserver le recit de cette horrible histoire !
Une femme avoit vû, par ces cœurs inhumains,
Un reste d'alimens arraché de ses mains.
Des biens que lui ravit la fortune cruelle,
Un enfant lui restoit prêt à périr comme elle.
Furieuse, elle approche, avec un coutelas,
De ce fils innocent qui lui tendoit les bras.

Son enfance, fa voix, fa mifère & fes charmes,

A fa mere en fureur arrachent mille larmes;

Elle tourne fur lui fon vifage effraïé,

Plein d'amour, de regret, de rage & de pitié.

Trois fois le fer échape à fa main défaillante.

La rage, enfin, l'emporte; & d'une voix tremblante,

Déteftant fon hymen & fa fecondité,

Cher & malheureux fils, que mes flancs ont porté,

Dit-elle, c'eft en vain que tu reçus la vie,

Les Tirans, ou la faim l'auront bien-tôt ravie.

Eh pourquoi vivrois-tu! pour aller dans Paris,

Errant & malheureux pleurer fur fes débris?

Meurs avant de fentir mes maux & ta mifere,

Rends moi le jour, le fang, que t'a donné ta mere;

Que mon fein malheureux te ferve de tombeau,

Et que Paris du moins voïe un crime nouveau.

En achevant ces mots, furieufe, égarée,

Dans les flancs de fon fils fa main défefperée,

Enfonce en frémiffant le parricide acier:

Porte le corps fanglant auprès de fon foïer;

Et d'un bras que pouffoit fa faim impitoïable,

Prépare avidement ce repas effroïable.

Attirez par la faim les farouches soldats,
Dans ces coupables lieux reviennent fur leurs pas.
Leur tranfport eft égal à la cruelle joïe,
Des ours, & des lions qui fondent fur leur proïe.
A l'envi l'un de l'autre, ils courent en fureur,
Ils enfoncent la porte. O! furprife, ô! terreur,
Près d'un corps tout-fanglant à leurs yeux fe préfente,
Une femme égarée, & de fang dégoutante.
Oui, c'eft mon propre fils, oui monftres inhumains,
C'eft vous qui dans fon fang avez trempé mes mains.
Que la mere, & le fils vous fervent de pâture.
Craignez-vous plus que moi d'outrager la Nature ?
Quelle horreur, à mes yeux, femble vous glacer tous ?
Tigres, de tels feftins font préparez pour vous.
Ce difcours infenfé, que fa rage prononce,
Eft fuivi d'un poignard qu'en fon cœur elle enfonce.
De crainte, à ce fpectacle, & d'horreur agitez,
Ces monftres confondus courent épouventez.
Ils n'ofent regarder cette maifon funefte.
Ils penfent voir fur eux tomber le feu célefte ;
Et le peuple effraïé de l'horreur de fon fort,
Levoit les mains au ciel, & demandoit la mort.

C c

Jufqu'aux tentes du Roi, mille bruits en coururent;
Son cœur en fut touché, fes entrailles s'émûrent;
Sur ce peuple infidèle il répandit des pleurs:
O Dieu! s'écria-t-il, Dieu, qui lis dans les cœurs,
Qui vois ce que je puis, qui connois ce que j'ofe,
Des Ligueurs & de moi tu fépares la caufe.
Je puis lever vers toi mes innocentes mains,
Tu le fçais, je tendois les bras à ces mutins,
Tu ne m'imputes point leurs malheurs & leurs crimes.
Que la Ligue à fon gré s'immole ces victimes;
Que Pellevé, Mendozze, & Mayenne, & Nemours,
Des peuples, fans pitié, laiffent trancher les jours;
De mes fujets féduits qu'ils comblent la mifere,
Ils en font les Tirans, j'en dois être le pere.
Je le fuis, c'eft à moi de nourrir mes enfans,
Et d'arracher mon peuple à ces loups devorans.
Dût-il de mes bien-faits s'armer contre moi-même;
Dûffai-je en le fauvant perdre mon diadème;
Qu'il vive, je le veux, il n'importe à quel prix,
Sauvons le malgré lui de fes vrais ennemis.
Et fi trop de pitié me coute mon Empire,
Que du moins fur ma tombe, un jour on puiffe lire,

Henri de fes fujets, ennemi génereux,
Aima mieux les fauver que de régner fur eux.

Il dit, & dans l'inftant il veut que fon armée,
Aproche fans éclat de la ville affamée ;
Qu'on porte aux citoïens des paroles de paix,
Et qu'au-lieu de vengeance on parle de bien-faits.
A cet odre divin fes troupes obéïffent.
Les murs en ce moment de peuple fe rempliffent.
On voit fur les ramparts avancer à pas lents,
Ces corps inanimés, livides & tremblans ;
Tels qu'on feignoit jadis que des Roïaumes fombres,
Les Mages à leur gré faifoient fortir les ombres,
Quand leur voix du Cocite arrêtant les torrens,
Appelloient les enfers, & les manes errans.
Quel eft de ces mourans l'étonnement extrême !
Leur cruel ennemi vient les nourrir lui-même.
Tourmentés, déchirés par leurs fiers deffenfeurs,
Ils trouvent la pitié dans leurs perfécuteurs.
Tous ces événemens leur fembloient incroïables.
Ils voïoient devant eux ces piques formidables,

Ces traits, ces inftrumens des cruautés du fort,
Ces lances, qui toujours avoient porté la mort,
Secondant de Henri la génereufe envie,
Au bout d'un fer fanglant leur apporter la vie.
Sont-ce là, difoient-ils, ces monftres fi cruels?
Eft-ce là ce Tiran fi terrible aux mortels,
Cet ennemi de Dieu, qu'on peint fi plein de rage?
Hélas! du Dieu vivant, c'eft la brillante image,
C'eft un Roi bien-faifant, le modèle des Rois.
Nous ne méritons pas de vivre fous fes loix.
Il triomphe, il pardonne, il cherit qui l'offenfe.
Puiffe tout notre fang cimenter fa puiffance!
Trop dignes du trépas, dont il nous a fauvez,
Confacrons lui ces jours qu'il nous a confervez.

De leurs cœurs attendris tel étoit le langage;
Mais qui peut s'affûrer fur un peuple volage,
Dont la foible amitié s'exhale en vains difcours,
Qui quelque-fois s'éleve & retombe toûjours?
Les prêtres, dont cent fois la fatale éloquence,
Ralluma tous ces feux qui confumoient la France,
Vont fe montrer en pompe à ce peuple abbatu.
Combattants fans courage, & Chrêtiens fans vertu,

A quel indigne apas vous laissez-vous séduire ?
Ne connoissez-vous plus les palmes du martyre ?
Soldats du Dieu vivant, voulez-vous aujourd'hui,
Vivre pour l'outrager, pouvant mourir pour lui ?
Quand Dieu du haut des cieux nous montre la couronne,
Chrétiens, n'attendons pas qu'un Tiran nous pardonne.
Dans sa coupable secte, il veut nous réunir :
De ses propres bien-faits songeons à le punir.
Sauvons nos temples saints de son culte hérétique.
C'est ainsi qu'ils parloient, & leur voix fanatique,
Maitresse du vil peuple, & redoutable aux Rois,
Des bien-faits de Henri faisoit taire la voix.
Et dèja quelques uns reprenant leur furie,
S'accusoient en secret de lui devoir la vie.

Malgré tant de clameurs, & de cris odieux,
La vertu de Henri pénétra dans les cieux.
Louis qui du plus haut de la voute divine,
Veille sur les Bourbons, dont il est l'origine,
Connut qu'enfin les tems alloient être accomplis,
Et que le Roi des Rois adopteroit son fils.

Auffi-tôt de fon cœur il chaffa les allarmes,
La foi vint effuïer fes yeux mouillez de larmes,
Et la douce efperance, & l'amour paternel
Conduifirent fes pas au pied de l'Eternel.

Au milieu des clartés d'un feu pur & durable,
Dieu mit avant les tems fon trône inébranlable.
Le Ciel eft fous fes pieds. de mil-aftres divers,
Le cours toûjours règlé l'annonce à l'Univers.
La puiffance, l'amour, avec l'intelligence,
Unis & divifez compofent fon effence.
Ses faints dans les douceurs d'une éternelle paix,
D'un torrent de plaifirs, enyvrez à jamais,
Penetrez de fa gloire, & remplis de lui-même,
Adorent à l'envi fa majefté fuprême.
Par des coups effraïans, fouvent ce Dieu jaloux,
A fur les Nations étendu fon courroux ;
Mais toûjours pour le jufte il eut des yeux propices ;
Il le foutient lui-même au bord des précipices,
Epure fa vertu dans les adverfités,
Combat pour fa deffenfe, & marche à fes côtés.

Le Pere des Bourbons à fes yeux fe préfente,
Et lui parle en ces mots d'une voix gémiſſante.
Pere de l'Univers, ſi tes yeux quelque-fois,
Honorent d'un regard les peuples & les Rois ;
Vois le peuple François à fon Prince rebelle.
S'il viole tes loix, c'eſt pour t'être fidèle.
Aveuglé par fon zèle, il te défobéït,
Et penfe te venger alors qu'il te trahit.
Vois ce Roi triomphant, ce foudre de la guerre,
L'exemple, la terreur, & l'amour de la terre ;
Avec tant de vertu, n'as-tu formé fon cœur,
Que pour l'abandonner aux pièges de l'erreur ?
Faut-il que de tes mains le plus parfait ouvrage,
N'offre au Dieu qui l'a fait qu'un criminel homage ?
Ah ! ſi du grand Henri ton culte eſt ignoré,
Par qui le Roi des Rois veut-il être adoré ?
Daigne éclairer ce cœur, créé pour te connoître,
Donne à l'Eglife un fils, donne à la France un maître.
Des Ligueurs obſtinez confonds les vains projets,
Rends les fujets au Prince, & le Prince aux fujets.
Que tous les cœurs unis adorent ta juſtice,
Et t'offrent dans Paris le même facrifice.

L'Eternel à ſes vœux ſe laiſſa pénétrer,
Par un mot de ſa bouche il daigna l'aſſûrer.
A ſa divine voix les aſtres s'ébranlerent,
La terre en treſſaillit, les Ligueurs en tremblerent ;
Le Roi, qui dans le Ciel avoit mis ſon appui,
Sentit que le Très-haut s'intereſſoit pour lui.

Soudain la vérité, ſi long-tems attenduë,
Toûjours chere aux humains, mais ſouvent inconnuë,
Dans les tentes du Roi, deſcend du haut des Cieux.
D'abord un voile épais la cache à tous les yeux,
De moment en moment, les ombres qui la couvrent,
Cedent à la clarté des feux qui les entr'ouvrent.
Bien-tôt elle ſe montre à ſes yeux ſatisfaits,
Brillante d'un éclat qui n'éblouit jamais.
Henri, dont le grand cœur étoit formé pour elle,
Voit, connoit, aime enfin ſa lumiere immortelle.
Il abjure avec foy ces dogmes ſéducteurs,
Ingenieux enfans de cent nouveaux docteurs.
Il reconnoit l'Egliſe ici bas combatue,
L'Egliſe toûjours une, & par-tout étendue.

Libre, mais fous un chef, adorant en tout lieu,

Dans le bonheur des faints, la grandeur de fon Dieu.

Le Chrift de nos péchés victime renaiffante,

De fes élûs chéris nourriture vivante,

Defcend fur les autels à fes yeux éperdus,

Et lui découvre un Dieu fous un pain qui n'eft plus.

Son cœur obéïffant fe foûmet, s'abandonne,

A ces miftères faints dont la raifon s'étonne.

Louis dans ce moment qui comble fes fouhaits,

Louis tenant en main l'olive de la paix,

Defcend du haut des Cieux vers le Héros qu'il aime.

Aux ramparts de Paris il le conduit lui-même.

Les ramparts ébranlez s'entr'ouvrent à fa voix,

Il entre au nom du Dieu qui fait règner les Rois.

Les Ligueurs éperdus, & mettant bas leurs armes,

Sont aux pieds de Bourbon, les baignent de leurs larmes,

Les Prêtres font muets: les Seize épouventez,

En vain cherchent pour fuir des antres écartez.

Tout le peuple changé dans ce jour falutaire,

Reconnoit fon vrai Roi, fon vainqueur, & fon pere,

Dès lors on admira ce règne fortuné,

Et commençé trop tard, & trop tôt terminé.

L'Espagnol en trembla : justement desarmée,
Rome adopta Bourbon, Rome s'en vit aimée,
La Discorde rentra dans l'éternelle nuit :
A reconnoitre un Roi Mayenne fut réduit,
Et soumettant enfin son cœur, & ses Provinces,
Fut le meilleur sujet du plus juste des Princes.